暗唱したい、映画の英語

心に刻む感動の名セリフ集

藤枝善之 監修
映画英語教育学会/関西支部 著

はじめに

　英語教育界では、今、二つのテーマが注目されています。一つは音読・暗唱活動、もう一つは映画です。以前から教育者の間で、音読・暗唱をすると学習効果が上がると言われていましたが、近年、脳科学の分野でもその有効性が認められ、私たちはこの科学的根拠を持って音読・暗唱を奨励できるようになりました。一方、映画は、生きた英語の素材として、また言葉が使われるシチュエーションを映像で見せてくれる教材として、その教育的価値は計り知れません。そこで、本書ではこのふたつのテーマを組み合わせて、音読・暗唱に適した映画の名セリフを紹介したいと思います。

　映画の名セリフは、言うまでもなく、それが語られる場面や背景と切り離して考えることはできません。映画のセリフの美しさ、カッコ良さは、その場面や背景に支えられています。ですから本書は、一つ一つの名セリフを大きな文脈の中で味わって頂けるように、映画のストーリーも詳しく紹介しています。また、関西の大学で教鞭を執る17人の映画英語教育学会（関西支部）の会員が、分かりやすい「英語ミニ講義」と興味深いコラムを執筆していますので、併せてお楽しみ下さい。

　本書は英検2級～準1級や、それに相当するTOEICの成績を目指す方には、肩の凝らない学習書としても使って頂けます。英検とTOEICの難易度比較については、次のページの比較基準表（京都外国語大学認定）をご参照下さい。

2007年9月
『暗唱したい、映画の英語』監修・編著者
藤枝善之
（映画英語教育学会副会長・関西支部長）

英検・TOEIC・TOEFL難易度比較表
(京都外国語大学認定)

英　検	TOEIC	TOEFL
1級		
	920	260(105)
準1級		
	770	220(83)
2級		
	550	150(52)

(　　) 内はインターネットを利用したテストスコア

TOEIC 920点で、英検1級合格率は約50%
TOEIC 770点で、英検準1級合格率は約50%
TOEIC 550点で、英検2級合格率は約50%

＊英検とTOEICの難易度比較基準は、それぞれのテストの主催団体が発表したデータをもとに、京都外国語大学が算定したものです。TOEICとTOEFLの難易度比較基準は、両テストの主催団体が発表したものです。

目次

第 1 章　愛の綴り

1	アイリス	Iris	8
2	恋におちたシェイクスピア	Shakespeare in Love	12
3	小さな恋のメロディ	Melody	16
4	ヒマラヤ杉に降る雪	Snow Falling on Cedars	20
5	ムーラン・ルージュ	Moulin Rouge!	24
6	ユー・ガット・メール	You've Got M@il	28
7	ラブ・アクチュアリー	Love Actually	32
8	恋愛小説家	As Good As It Gets	36
9	恋愛適齢期	Something's Gotta Give	40

第 2 章　家族の絆

10	オーロラの彼方へ	Frequency	46
11	クレイマー、クレイマー	Kramer vs. Kramer	50
12	電話で抱きしめて	Hanging Up	54
13	ファミリー・ゲーム	The Parent Trap	58
14	ランブルフィッシュ	Rumble Fish	62
15	リトル・ダンサー	Billy Elliot	66

第 3 章　若者たちの心

16	17歳のカルテ	Girl, Interrupted	72
17	グッド・ウィル・ハンティング 旅立ち	Good Will Hunting	76
18	ブリジット・ジョーンズの日記 きれそうなわたしの12ヶ月	Bridget Jones: The Edge of Reason	80
19	ミラクル	Miracle	84

第 4 章　社会派ドラマ

20	ヴェニスの商人	The Merchant of Venice	90
21	ウォール街	Wall Street	94
22	コンタクト	Contact	98
23	白いカラス	The Human Stain	102

24	フィラデルフィア	*Philadelphia*	106
25	マッド・シティ	*Mad City*	110
26	ミシシッピー・バーニング	*Mississippi Burning*	114
27	ローズマリーの赤ちゃん	*Rosemary's Baby*	118

第5章　心に響く人生

28	アンナと王様	*Anna and the King*	124
29	ウォーク・ザ・ライン 君につづく道	*Walk the Line*	128
30	サイダーハウス・ルール	*The Cider House Rules*	132
31	SAYURI	*Memoirs of a Geisha*	136
32	セント・オブ・ウーマン 夢の香り	*Scent of a Woman*	140
33	ターミナル	*The Terminal*	144
34	日の名残り	*The Remains of the Day*	148
35	ラスト サムライ	*The Last Samurai*	152

第6章　珠玉のエンターテイメント

36	赤ちゃんはトップレディがお好き	*Baby Boom*	158
37	アバウト・ア・ボーイ	*About a Boy*	162
38	キャッチ・ミー・イフ・ユー・キャン	*Catch Me If You Can*	166
39	シカゴ	*Chicago*	170
40	チャーリーとチョコレート工場	*Charlie and the Chocolate Factory*	174
41	デーヴ	*Dave*	178
42	パイレーツ・オブ・カリビアン 呪われた海賊たち	*Pirates of the Caribbean The Curse of the Black Pearl*	182

第7章　人生を彩る名画

43	裏窓	*Rear Window*	188
44	カサブランカ	*Casablanca*	192
45	風と共に去りぬ	*Gone with the wind*	196
46	カッコーの巣の上で	*One Flew over the Cuckoo's Nest*	200
47	グランド・ホテル	*Grand Hotel*	204
48	殺人狂時代	*Monsieur Verdoux*	208
49	素晴らしき哉、人生！	*It's a Wonderful Life*	212
50	独裁者	*The Great Dictator*	216

第1章　愛の綴り

- アイリス
- 恋におちたシェイクスピア
- 小さな恋のメロディ
- ヒマラヤ杉に降る雪
- ムーラン・ルージュ
- ユー・ガット・メール
- ラブ・アクチュアリー
- 恋愛小説家
- 恋愛適齢期

第1章 愛の綴り

MOVIE 1

アイリス　*Iris*　2001年（英）

監督●リチャード・エア　出演●ケイト・ウィンスレット、ジム・ブロードベント、ジュディ・デンチ

**昔は君と二人だけでいるのがとても怖かった。
でも今じゃ君なしではいられないんだ。**

I used to be so afraid of being alone with you. Now I can't be without you.

ジョン（ジム・ブロードベント）TIME : 01:20:02

- used to be 〜「以前は〜であった」
- be afraid of 〜「〜を恐れる」
- being alone with you「あなたと二人だけでいること」
- without you「あなたなしで」

(c) Everett Collection / NANA

名セリフの決め所

　時は1950年代。不器用で世間知らずのジョンは、オックスフォード大学で英文学を講じていました。そして彼は同じ大学で哲学を教えていた、才気煥発で自由奔放な年上のアイリスに一目ぼれします。一方恋

愛経験の豊富な彼女は次第にジョンの純粋さに惹かれていき、ついに自分を本当に理解してくれるのは彼だけだと気付いて二人は結婚します。その後夫ジョンはオックスフォード大学教授として長年教壇に立ち、妻のアイリスは哲学者・小説家として不動の地位を築いていきます。しかしそんな二人が穏やかな老年期に差し掛かったある日、過酷な運命がアイリスを襲います。言葉を紡ぐことを職業とする者にとっては致命的とも言うべき、アルツハイマー病に冒され始めたのです。次第に記憶を失っていく不安と恐怖。

冒頭のセリフは、病気が進行し通常の意思疎通がほとんど不可能になったアイリスが、夫に連れられて友人の葬儀に参列した後、雨の中、車で家路につくシーンに登場します。家に帰りたくないと泣き叫ぶアイリス。車を止めた途端外に転げ落ちた彼女を、彼は優しく抱きかかえようとします。そのときアイリスがささやくのです。「アイ、ラブ、ユー」と。膨大な語彙を抱えていたはずの彼女が、そのほとんどすべてを失ったときに搾り出した奇跡のような愛の言葉。それに対する夫ジョンの応答がこのセリフなのです。

JOHN : I used to be so afraid of being alone with you. Now I can't be without you.
（昔は君と二人だけでいるのがとても怖かった。でも今じゃ君なしではいられないんだ）

以前は、アイリスの明晰な頭脳やその放縦さにある種の畏れを抱いていた彼が、今や彼女なしではこの世に存在することさえできないというのです。それは、痛ましくも美しい、究極の愛の言葉なのでした。

第1章 愛の綴り

英語ミニ講義

アルツハイマー病。ドイツの神経病学者アルツハイマー（A. Alzheimer, 1864-1915）が初めて報告したとされるこの病は、現代の医学では治療不可能です。アイリスを診断した医師は冷酷に事実を告げます。"It will win." 「病気が勝つ」と。この助動詞 will は未来時制や単なる推量ではなく、アルツハイマーという病気の残酷な特性を強調していると考えられます。そして物語の最後で確かにその通り病魔に敗れた彼女は、ほとんどすべての記憶を失い、ついにある養護施設で安らかな死を迎えます。それは1999年2月8日のことでした。そのとき夫ジョンが次のようにつぶやくのです。

> **JOHN** : I had a joke to tell her. It wasn't a very good one, but she**'d have laughed**.
> （彼女のためにジョークを用意していたんだ。あまりいい出来ではなかったけど、彼女は笑ってくれただろう）

but 以下の節は仮定法過去完了で、will の過去形 would が短縮されています。ここでは「もしかつての彼女がそのジョークを聞いたら」というような意味の、if で始まる条件節が省略されているのです。

アイリス・マードックの死後、BBCテレビで彼女の生涯を回顧するドキュメンタリー番組が放映されました。その中でインタビュアーがジョン・ベイリーに「アイリスのことで一番懐かしく思うことは？」と尋ねています。これに対して彼は「ジョーク、そしてそのときのアイリスの笑顔」と答えました。言葉の世界を生きた二人にとって、ジョークは特別な意味を持っていたようです。

言葉の力

　人は言葉なしでも何かを感じることはできますが、それなしで思索をすることはできません。人間がこれだけ高度に発達した文明を築き上げることができたのも、言葉を持ちえたからだと言えるでしょう。特に言葉によって複雑な思考を展開する哲学者であり、言葉によって壮大な物語の世界を構築する文学者でもあったアイリスにとってそれは、最も基本的な仕事の道具であったはずです。映画の中で病気との不安と闘う彼女がこうつぶやきます。

　「もし書けなくなったら、私はおしまいよ」

　アイリスにとって書くことは生きること、生きることとは書くことだったのです。

　さらに映画の中でテレビ番組に出演した彼女がこのように語る場面があります。読むことや書くこと、そして言葉の力強さや美しさは人間にとって非常に重要である、なぜならそれは思考と結びつくからだと。つまり彼女の説に従えば、読み、書き、考えることが人間の条件であり、そのすべてに言葉が関わっているということになるでしょう。この後アイリスは言葉を失い、書くことも、そしてしゃべることすらもできなくなるのですが、そこには彼女が信じたもう一つの大切なもの、あらゆる事柄の純粋な形態（pure forms）があったのかもしれません。

　この映画を観るあなたは、言葉の持つ本質的な力強さを知ることになるのでしょうか、それともその限界を思い知らされることになるのでしょうか。

（荘中）

第1章 愛の綴り

MOVIE 2 恋におちたシェイクスピア *Shakespeare in Love*
1998年（米） 監督●ジョン・マッデン 出演●グウィネス・パルトロウ、ジョセフ・ファインズ、ベン・アフレック

彼女の目の美しさを書き表すことができればなあ！ 私はあの目を覗き込み、自分自身を知るために生まれてきたのだ。

If I could write the beauty of her eyes! I was born to look in them and know myself.

ウィル（ジョセフ・ファインズ） TIME : 00:43:54

- If I could ～「～することさえできたら（いいのに）」
- was born to ～「～するために生まれてきた」
- look in ～「～の中を覗く」
- them = her eyes
- know myself「私自身を知る」

(c) Everett Collection / NANA

名セリフの決め所

　舞台は1593年夏のロンドン。スランプに悩む劇作家ウィリアム・シェイクスピアは、新作のオーディションで素晴らしい才能を見せる若き男優トーマス・ケントに遭遇します。しかし彼はなぜかウィルの顔を見る

と逃げ出してしまうのです。トーマスを追ってある貴族のお屋敷にやってきた彼は、その夜の宴会の席で一際美しい輝きを放つ女性、ヴァイオラを一目見て恋に落ちてしまいます。ウィルにとって彼女は芸術家に霊感を与えるとされるミューズ、詩神だったのです。しかし時はエリザベス朝イングランド。階級制度の強固なこの時代に、三文文士のウィルが貴族の令嬢であるヴァイオラに近づくことなどできるはずもありません。ところが実はウィルが追ってきたあのトーマスこそ、彼をこよなく尊敬するヴァイオラの男装した姿だったのです。

　トーマスに扮するヴァイオラはその後、ウィルの新作劇のリハーサルに参加するようになるのですが、鈍感なウィルはヴァイオラの変装に全く気がつきません。そしてある夜、家路につくトーマスの舟に同乗したウィルは、彼に「教えて下さい、ヴァイオラは美しいのですか?」と問われて冒頭の名セリフを叫ぶのです。この文句の前半はシェイクスピアが書いたソネットと呼ばれる形式の14行詩、第17番からの引用です。原文は "If I could write the beauty of your eyes"「もし私がそなたの瞳の麗しさを書き表すことができるならば」となっています。そしてこの作品は "You should live twice; in it and in my rhyme."「そなたは二度生きるであろう、その子と、そして私の詩の中で」という一文で締めくくられています。ここではイギリス文学の最高峰と呼ばれるシェイクスピアが、あくまでも言葉の力を信じようとしていた姿が窺えるようです。

第1章　愛の綴り

英語ミニ講義

　この映画の主人公シェイクスピアについてはその存在自体を疑問視する説もあるくらいで、彼自身の伝記的な事実はあまりよくわかっていません。ですから恋に落ちていくシェイクスピアを描くこの物語は全くの創作なのですが、やはりこの映画の魅力はシェイクスピア本人が、自分自身の恋愛を『ロミオとジュリエット』というあの名作に昇華させていくという、そのスリリングな展開にあると言えるでしょう。

　映画の中で、幸せの絶頂にあるヴァイオラがベッドの上で一人つぶやきます。

VIOLA : I am **afeared**, / **Being in night**, all this is but a dream, / **Too** flattering-sweet **to** be substantial.
（私は怖いわ、/ 今は夜だから、このすべてがただの夢なのではないかしら、/ あまりにも都合よく幸せすぎて、本当のこととは思えないくらい）

　このセリフはそのまま『ロミオとジュリエット』第2幕2場でロミオがささやくセリフでもあります。シェイクスピア作品の言葉にはまだ中英語という古い英語の名残があり、afeared は現在の afraid という単語の古い形です。次の Being in night は分詞構文で理由を表していると考えられ、意味上の主語は次節の all this です。最後は too 〜 to … 構文で、「あまりにも〜なので…しない」という意味です。シェイクスピアの原文も高校までに習った英語でほとんど理解できますし、またヴァイオラのこの気持ちは、時代や場所を越えて、誰にでも理解できる普遍的な感情と言えるでしょう。

越境

　シェイクスピア時代のイギリスでは、男女の役割が家庭でも社会でも厳格に区分されており、女性は決して演劇の舞台に立つことなどできませんでした。ですから女性の役はすべて変声期前の少年によって演じられていたのです。ヴァイオラがトーマスという男性に扮装して、シェイクスピアの新作劇オーディションに現れるのもこのためです。しかしここでは男女という性差が乗り越えられているだけではありません。当時ヴァイオラのような高貴な女性が演劇俳優になることなどあり得ない話ですが、その奇想天外さを楽しむことこそ、この映画を観る醍醐味と言えます。そこでは階級の壁すらも乗り越えられているのです。

　物語の最後にヴァイオラは、親の取り決めにより新大陸アメリカでのタバコ栽培を目論むウェセックス卿と結婚させられ、海を渡っていきます。『ロミオとジュリエット』が書かれたのが1594年頃であり、イギリス最初の恒久的北米植民地がジェームズタウンに建設されたのが1607年であることを考えると、この設定はわざと歴史を歪曲しているようなのですが、それはもちろん国境を越えるだけでなく、現実と空想の壁を取り払って越境していくことでもあります。ヴァイオラ (Viola) とはシェイクスピアが書いたもう一つの劇『十二夜』の女性主人公の名前ですが、彼女は物語の中であらゆる境界を侵犯 (violate) していくのです。

(荘中)

第1章　愛の綴り

MOVIE 3　小さな恋のメロディ　*Melody*　1971年（英）

監督●ワリス・フセイン　　出演●マーク・レスター、トレイシー・ハイド、ジャック・ワイルド

僕たち、いつも一緒にいたいだけなんです。

All we want to do is be with one another all the time.

ダニエル（マーク・レスター）TIME：01:28:40

- All we want to do「私たちのしたいことのすべて」
- be with ～「～と一緒にいる」
- one another「お互い」
- all the time「いつも」

写真協力(財)川喜多記念映画文化財団

名セリフの決め所

　1970年頃のロンドン。気の弱い小学生のダニエルは、教会付属少年団に入って、ガキ大将のトム・オーンショーと知り合います。トムはダニエルと対照的な性格の子でしたが、なぜか気が合い、仲良くなります。

そんなある日、ダニエルは、女の子たちがバレエの練習をしているのを覗き見して、一人の可愛い女の子を見つけます。彼女の名はメロディ。その瞬間、ダニエルは恋に落ちてしまい、その噂はクラスに広まります。ある日、メロディのことばかり考えて宿題をやってこなかったダニエルは、先生の部屋で罰としてお尻をしたたかぶたれます。泣きべそをかいて出てきたダニエルを待つトムとメロディ。ダニエルとメロディが見つめ合います。トムは、ダニエルを彼女に取られそうな気がして、必死にダニエルを遊びに誘います。しかし、ダニエルはまっすぐメロディに近づき、二人は手を取り合って、その場を走り去ってしまうのです。

　二人が向かった先は、緑あふれる墓地。50年間愛し合ったという夫婦の墓の碑文を読みながら、二人は互いの愛を確かめ合います。翌日、ダニエルたちは学校をさぼって海岸でデート。次の日、学校に行った二人は、校長先生に呼び出され、「今、自分にとって何が大事か、考えてみたまえ」とお説教を食らいます。ダニエルは、「はい、先生。僕たち結婚したいんです」。校長先生は、呆気にとられて笑い出します。しかし、二人は大真面目。ダニエルはむきになってこう叫びます。

DANIEL : **All we want to do is be with one another all the time.** We thought that meant getting married, doesn't it?
（僕たち、いつも一緒にいたいだけなんです。それが結婚するってことじゃないんですか？）

　ダニエルが教室に戻ると、彼の「結婚宣言」を皆がからかいます。しまいに、ダニエルとトムは取っ組み合いの大喧嘩。先生に引き分けられたとき、トムは反省し、二人の結婚を応援しようと考え直します。

英語ミニ講義

オープニングシーン。ダニエルが入団した少年団が早朝の町を行進しています。少年たちを整列させた団長が、鼻をひくつかせてトムに尋ねます。

写真協力(財)川喜多記念映画文化財団

CAPTAIN : Have you been drinking whisky, Ornshaw?
（オーンショー、お前、ウィスキーを飲んでるな？）

〈have been doing（現在分詞）〉という形は、現在完了進行形と言われるもので、過去のある時点から現在に至る行為の継続を表します。動詞は、主に動作動詞が使われます。このセリフで団長は、トム・オーンショーが過去のある時点からウィスキーを飲み続けて、その匂いが今も残っているのではないかと聞いているわけです。

「咳止めのシロップですよ」と言い訳するトムに団長は、

CAPTAIN : It smells like whisky to me, Ornshaw.
（ウィスキーの匂いがするぞ、オーンショー）

「Aの匂いがする」は、smell like A または smell of A と言います。「それはニンニクの匂いがする」なら、"It smells like [of] garlic." です。like や of を省いて "It smells garlic." とは言えませんので、注意して下さい。『ヒマラヤスギに降る雪』（1999年）にも、"You smell like cedar." 「君は杉の匂いがする」というセリフがあります。

大人と子ども

「いつも一緒にいたいだけ、それが結婚するってことだ」── なんて単純で素敵な発想でしょう。待てよ。考えてみたら、これこそ結婚の一番大事な要素ではないでしょうか。私たちは、年を重ねるにつれて、本質を忘れ、周辺的なものに目を奪われがちになります。そんなときにダニエルの言葉は、私たちに「基本」を思い出させてくれます。子どもが大人に成長すると、なぜか心の中に不純なものが混じり込んで、見る目が曇ってくるようです。だから、その曇りをぬぐい、忘れていた大切なものを思い出すためにも、時々私たちは、子どもの純な心に触れることが大事なんですね。

この映画は子どもを、「子ども社会」の中に位置づけて、生き生きと自然に描いています。ただし、「自然に」とは言っても、大人の価値観の不純さ、馬鹿らしさを際立たせるような描き方をしています。その一例は、性との距離でしょう。聖書によると、人間は、性を知るという大罪を犯したために楽園を追われ、死ぬべき運命（寿命）を与えられてしまいました。この映画では、大人は性が日常化している存在であるのに対し、子どもは性から遠い場所にいます。そして、ダニエルとメロディの結婚騒動を通して、力の弱い「純なる者」が権力を持つ「不純なる者」に反逆し、勝利するというという、わかりやすい展開になっているのです。

（藤枝）

第1章　愛の綴り

MOVIE 4　ヒマラヤ杉に降る雪　*Snow Falling on Cedars*　1999年（米）

監督●スコット・ヒックス　　出演●イーサン・ホーク、工藤夕貴、マックス・フォン・シドー

私はあなたを愛し、同時にまた愛していなかったのです。

I loved you. And I didn't love you at the same moment.

ハツエ（工藤夕貴）TIME : 01:27:53

- I loved you「あなたを愛していた」
- didn't = did not
- at the same moment「同時に」

(c) Universal Pictures/ Courtesy: Everett Collection. / NANA

名セリフの決め所

　1950年代のアメリカ。ワシントン州北西部のピージェット湾に浮かぶ小さな島で、ある朝猟師の溺死体が見つかり、ハツエの夫の日系アメリカ人カズオが殺人容疑で裁判にかけられます。戦後間もない当時、日系

人に対する人種的偏見はまだ根強く残っており、裁判はカズオにとって非常に不利な形で進められていきます。

カズオの妻ハツエは、以前、幼なじみのイシュマルに恋をしていました。ヒマラヤ杉の洞(ほら)で密かに愛を育んでいた二人ですが、その仲も戦争によって引き裂かれてしまいます。ハツエは家族と共に日系人収容キャンプに送られ、イシュマルは戦争で左腕を失います。戦地でハツエからの別れの手紙を読み返すイシュマル。

> **HATSUE** : I can think of no more honest way to say it. **I loved you. And I didn't love you at the same moment.**
> (これ以上自分の気持ちを正直に言い表す言葉が見つかりません。私はあなたを愛し、同時にまた愛していなかったのです)

もちろんハツエはイシュマルを心から愛していたのですが、それは許されないことでした。手紙は続きます。「私は自分の人生を精一杯生きていきます。そして、あなたもそうしてくれることを願っています。私はあなたのことをずっと忘れません。そして一緒に過ごした時のことを」

イシュマルの父は、反日の圧力に屈することなく正義を貫いたジャーナリストでした。父の遺志を継いだイシュマルは、自らの調査で今回の事件が偶発的な事故であった証拠をつかみ、裁判所に提出します。ネルス弁護士の心打つ言葉とフィールディング判事の公正な判断によって、この事件は不起訴処分とされ、人間の良心と正義が一つ救われることになります。そして、かつてこのような事件があったことも、ハツエとイシュマルの切ない思い出も、すべて覆い隠してしまうかのように、ヒマラヤ杉に深々と雪は降り積もっていきます。

第1章 愛の綴り

英語ミニ講義

　この映画は裁判が中心となってストーリーが展開していきます。裁判は公正（justice）を旨としますが、この justice という言葉の意味を考えてみましょう。語源はラテン語の ius（= jus）で、もともと天秤がちょうど（just）真ん中で釣り合った状態を意味する言葉だったようです。したがって、日本語では「正義」と訳されることが多いのですが、むしろ「公平（fair）」といったニュアンスが強いと考えられます。ですから、弁護士（lawyer）はたとえ被告人（defendant）が実際に殺人を犯した犯人であったとしても、被告人に有利な判決を導くよう最大限努力する責務を担っています。これで裁判の公正（justice）が保たれると考えられるわけです。

　では、真実（truth）と公正（justice）の関係はどうなるのでしょう？「真実は被告人のみぞ知る」という言葉がありますが、たとえ審理を尽くしても冤罪となる可能性を完全に排除することはできません。日本でも裁判員制度が導入されることになりましたが、次のネルス弁護士の言葉を心に刻んでおきたいものですね。"And if you are true to these principles... you'll only convict a man for what he's done, and not for who he is."「もしあなたが公正の原則に忠実であるならば、その人が何者であるかによってではなく、その人が為した行為によって裁いて下さい」 "In the name of humanity, do your duty as jurors."「人間として恥じないように、陪審員としての務めを果たして下さい」

二つの祖国

　1941年12月8日、日本軍はハワイの真珠湾を攻撃し、太平洋戦争に突入しました。当時日本海軍が戦略的に開戦通告を遅らせたことと、現地日本大使館の手違いとが重なって、実際の通告は攻撃開始後1時間以上遅れてなされました。アメリカでは、これを「卑怯なだまし討ち」として、Remember Pearl Harbor のスローガンのもとに反日感情が高まり、日系人の多くは各地の収容所へと送られ、不自由な生活を強いられることになりました。収容所の若者の中には、アメリカへの忠誠を示すために米軍へ入隊する者も多くいましたが、日本語ができるために祖国を裏切る諜報活動に利用されることもあり、そのような人たちはきっと身を引き裂かれるような思いをしたことでしょう。また、この映画の中でハツエが "I don't want to be Japanese!" と叫ぶ場面がありますが、日系人コミュニティーの内部でも、世代によって帰属意識が異なり、対立や分裂が絶えなかったようです。山崎豊子作『二つの祖国』（新潮文庫）は、カリフォルニア州にあったマンザナール収容所を舞台に、この悲惨な歴史を克明に描いた小説です。

　戦後、日系アメリカ人の市民権取得が認められるようになり、また70年代になって、フォード大統領は戦時の日系人に対する抑留政策が誤りであったことを認めています。

(井村)

第1章　愛の綴り

MOVIE 5　ムーラン・ルージュ　*Moulin Rouge!*　2001年（米）

監督●バズ・ラーマン　　出演●ニコール・キドマン、ユアン・マクレガー、ジョン・レグイザモ

人がこの世で知る最高の幸せ、それは誰かを愛し、そしてその人から愛されること。

The greatest thing you'll ever learn is just to love and to be loved in return.

ロートレック（ジョン・レグイザモ）　TIME：01:21:57

- The greatest thing「一番素晴らしいこと」
- just「ただ」
- to love「愛すること」
- to be loved「愛されること」
- in return「お返しに」

名セリフの決め所

(c) 20th Century Fox Film Corp. All rights reserved. Courtesy: Everett Collection. / NANA

　1900年、ボヘミアン革命真っ只中のパリにやってきた青年クリスチャンは、ひょんなことから下宿でムーランルージュの俳優たちと親しくなり、代役でムーランルージュの劇の台本を手がけることになります。彼

らと初めてムーランルージュに出かけたその日、クリスチャンはナイトクラブの高級娼婦サティーンに恋をしてしまいます。一方、サティーンも、貧乏だけれども純粋で優しい心を持つクリスチャンに惹かれていきます。しかし、愛欲渦巻く日陰の世界では、二人の純粋な愛など許されません。ムーランルージュのパトロンである資産家の公爵は、支配人のジドラーにサティーンを自分の愛人にするという条件でムーランルージュに投資することを決めます。クリスチャンとサティーンは作家と女優の関係を装いながら愛を確かめ合いますが、ついにジドラーと公爵に見つかり引き裂かれそうになります。さらに過酷な運命が彼女を待ち受けています。サティーンは、結核という不治の病に蝕まれていたのです。

クリスチャンの台本による劇の初日。幕が下りると、観客席の拍手が鳴り止みません。しかし、カーテンコールの直前、サティーンはとうとう力尽きて倒れてしまいます。そしてクリスチャンの腕に抱かれ、息を引き取る間際に、最後の力を振り絞ってサティーンは自分たちの真実の愛の物語を書いてくれるように彼に頼みます。その物語の中で私はいつもあなたと一緒だと言い残して…。

CHRISTIAN : The greatest thing you'll ever learn is just to love and to be loved in return.
（人がこの世で知る最高の幸せ、それは誰かを愛し、そしてその人から愛されること）

このセリフは映画を通して5回出てきますが、これは、まさに当時のボヘミアン革命の思想であり、この映画の中心的メッセージでもあるのです。

第1章　愛の綴り

英語ミニ講義

　名セリフの冒頭部分の The greatest thing に注目して下さい。great（素晴らしい）という形容詞に -est がついて greatest（最も素晴らしい）になっています。このように -est がついて「最も〜」という意味になったものを最上級といいます。

　一方、比較には原級比較と比較級があります。原級比較とは、"Tom is as tall as John." 「トムはジョンと同じくらいの背たけだ」のように形容詞 tall はそのままで、as 〜 as …という形をとり「…と同じぐらい〜」という意味を持つものです。比較級とは、"Tom is taller than any other boy in his class." 「トムはクラスのどの少年より背が高い」のように、形容詞 tall に -er がついて、文全体としては「…よりもっと〜」という意味を作るものです。興味深いのは、原級比較と比較級を使って最上級と同じような意味を表すことができるということです。"No boy in his class is as tall as Tom." 「クラスのどの少年もトムほど背が高くない」も、"No other boy in his class is taller than Tom." 「クラスのどの少年もトムより背が高くない」は、"Tom is the tallest in his class." 「トムはクラスで一番背が高い」と結局は同じ意味になります。

　場面に応じて、いろいろな表現を試してみましょう。

🎬 ヒット曲メドレー

　本作品では、様々なジャンルのヒット曲が満載で、音楽好きの人にはとても楽しめる映画です。しかも、俳優たちはすべての曲を自分で歌っています。

　まず、クリスチャンが下宿でムーランルージュの俳優たちと友達になるシーンでは、映画『サウンド・オブ・ミュージック』のオリジナル曲、ムーランルージュでサティーンが天井から舞い降りてくるシーンは、『スパークリング・ダイアモンド』、クリスチャンとサティーンが恋に落ちる場面ではエルトン・ジョンの『ユア・ソング』、新しいショーの台本を公爵に認めさせる場面ではオッフェンバッハの『天国と地獄』、クリスチャンが抑えきれぬ思いを告白するためにサティーンの部屋へ行き愛を告白する場面では、映画『愛と旅立ちの日々』のサウンドトラックや、ホイットニー・ヒューストンの映画『ボディガード』のテーマ『アイ・ウィル・オールウェイズ・ラブ・ユー』、デビッド・ボーイの『ヒーロー』がメドレーで歌われています。さらに、サティーンが結核で倒れた夜、彼女との一夜を過ごすために待っている公爵のもとへ言い訳に行ったジドラーが歌うのが、コミカルにアレンジしたマドンナの『ライク・ア・ヴァージン』。また、サティーンがやむなく公爵と一夜を過ごすために出かけた夜、ムーランルージュで歌われるタンゴアレンジの『ロクサーヌ』は、嫉妬に燃えるクリスチャンの心をそのまま表すかのように鮮烈です。

（西川）

第1章　愛の綴り

6　ユー・ガット・メール　*You've Got M@il*　1998年（米）

監督●ノーラ・エフロン　　出演●トム・ハンクス、メグ・ライアン、グレッグ・キニア

一緒にコーヒーか、お酒か、夕食か、映画でもどう？　僕たちが生きている限りずっと。

How about some coffee or... you know, drinks or dinner... or a movie... for as long as we both shall live?

ジョー（トム・ハンクス）　TIME : 01:50:28

- How about ～?「～はどうですか」
- A or B or C or D...「AかBかCかD」
- drinks「酒」
- both「両方」
- as long as「～する限り」

(c) Everett Collection / NANA

名セリフの決め所

　主人公のキャスリーン・ケリーは、母親の代から経営する絵本ショップのオーナーです。一方、ジョー・フォックスは安売りの書店を全米展開している大手ブック・チェーンの御曹司。二人にはお互いに同棲相手

You've Got M@il

がいますが、インターネットのチャットで出会い、次第に惹かれ合っていきます。キャスリーンのハンドルネームはShopgirl、ジョーはNY152。そんなある日、ジョーの店がキャスリーンの店の近くにオープンし、彼女の店は閉店に追い込まれてしまいます。元来意地っ張りの彼女が心を開いた相手NY152こそ、ジョーだったのですが…。

　この名セリフは、二人が同棲相手と別れた後で、キャスリーンがNY152に会いに行く直前のシーンに登場します。ジョーがキャスリーンに言います。

「ねえ、よく思うんだけど」

「何を？」

「もし僕がフォックスじゃなくて、君もあのお店のオーナーじゃなく、もっと普通の出会いをしていたら…」

> **JOE** : I'd have asked for your number. I wouldn't have been able to wait...24 hours before calling and saying: **"How about some coffee or... you know, drinks or dinner... or a movie... for as long as we both shall live."**
> （きっと電話番号を聞いていたよ。きっと24時間待ちきれずに君に電話してこう言ってたよ：一緒にコーヒーか、お酒か、夕食か、映画でもどう？ 僕たちが生きている限りずっと）

しっかりとプロポーズになっている点がにくいですね。

第1章　愛の綴り

英語ミニ講義

　映画のセリフを自分のものにしたいというのは、英語学習者の共通の気持でしょう。既に習ったフレーズが出てきたら、どんどん口に出して練習しましょう。

　以下は、絵本ショップを経営するキャスリーンがインターネットで知り合ったハンドルネームNY152という男性に会うために喫茶店で待ち合わせをしているシーンです。全米チェーンの書店の御曹司ジョー・フォックスは偶然出会ったふりをします。

> **JOE** : Kathleen Kelly. Hello. This is a coincidence. Would you mind if I sat down?
> （キャスリーン・ケリーさんじゃないの。こんなところで偶然だな。座ってもいいかな？）
>
> **KATHLEEN** : Yes! Yes! I would, actually. I'm expecting someone. Thanks.
> （だめ。悪いんだけど、連れを待ってるから）

　皆さんも、中学・高校で学習した英語をうまく使って、こんな生き生きとした会話を楽しみましょう。

隣接応答ペア

　映画のセリフを学ぶための様々なポイントがありますが、ここでは、「隣接応答ペア」に注目してみましょう。これは対話を成立させている組み合わせの最小単位を表し、一般的に連続（隣接）して起こる一対の対話のことを指します。

　映画のセリフを見ていると、私たちが中学・高校で学習した応答の仕方とは異なった表現に出会うことがよくあります。実際のコミュニケーションのやりとりにおいては、必ずしも私たちが学校で習った言い回しが使用されるとは限りません。逆の見方をすれば、相手の表現に対してこういう返答の仕方もあるのだということを映画のセリフは教えてくれます。つまり、対話を成立させるための術（バリエーション）が隠されているのです。次の A-B は一対のペアであり、対話の最小単位を作っています。

　　A： My dad gets me all the books I want.
　　　　(欲しい本はパパがすべて買ってくれるの)
　　B： Well, that's very nice of him.
　　　　(優しいパパね)

　　A： Do you still want to meet me?
　　　　(今でも私に会ってみたいと思ってる？)
　　B： I would love to meet you. Where? When?
　　　　(ぜひ会いたいよ。それで、どこで、いつ？)

　映画のセリフを通じて、相手のセリフには Yes / No だけではなく、短くても文章で返答できる会話力を身に付けたいですね。　　　（横山）

第1章　愛の綴り

ラブ・アクチュアリー　*Love Actually*　2003年（英・米）

MOVIE 7

監督●リチャード・カーティス　　出演●ヒュー・グラント、コリン・ファース、エマ・トンプソン

私たちをいじめる友人なんてもう友人ではありません。

A friend who bullies us is no longer a friend.

デイビッド（ヒュー・グラント）　TIME: 00:43:46

- A friend who 〜「〜する友人」（whoは主格の関係代名詞）
- bullies us「私たちをいじめる」
- is no longer 〜「もはや〜ではない」

(c) Universal / courtesy Everett Collection / NANA

名セリフの決め所

　デイビッドは、イギリスのちょっと頼りない新米首相。訪英中のアメリカ大統領に対して、強い姿勢で臨むようにと官僚たちに助言されますが、「なにせアメリカは超大国だから」と、弱気な態度。しかし、英米

Love Actually

首脳会談の際、秘書のナタリーに馴れ馴れしく接近する大統領を見てデイビッドは心中穏やかでなくなります。彼にとってナタリーは、距離を保ちつつも好意を寄せてきた大切な人だったからです。記者会見の席で大統領が満足げにスピーチを終えた後、演壇に立ったデイビッドは、こう語り始めます。

> **DAVID** : We may be a small country, but we are great one, too. The country of Shakespeare, Churchill, the Beatles, Sean Connery, Harry Potter and David Beckham's right foot... David Beckham's left foot, come to that.
> (イギリスは確かに小さな国かもしれませんが、シェイクスピア、チャーチル、ビートルズ、ショーン・コネリー、ハリー・ポッター、それにデイビッド・ベッカムの右足…と左足に代表される偉大な国でもあります)

そして、周囲も驚く爆弾発言。

> **DAVID** : **A friend who bullies us is no longer a friend.** And since bullies only respond to strength, from now onward, I'll be prepared to be much stronger.
> (私たちをいじめる友達なんてもう友達ではありません。いじめは力にしか反応しないので、これからはもっと強くなるように心がけるつもりです)

ここでは、首相としての発言の他に、一人の男性としてナタリーを守ろうという決意が遠回しに表現されているのです。

第1章　愛の綴り

英語ミニ講義

　ナタリーから愛情のこもったクリスマスカードを受け取った首相のデイビッドは、彼女への想いを伝えるために自ら彼女の自宅まで会いに行きます。家族と小学校のクリスマスイベントに行こうとしていたナタリーに誘われ、体育館の舞台裏から人目を避けてそっと二人でイベントを見ることになります。互いの気持ちが高まり舞台裏でキスを交わす二人でしたが、まさにその瞬間、二人の前の幕が開き、舞台中央にたたずむ二人の様子は満員の聴衆の面前にさらされてしまいます。そこでデイビッドが次のように言います。

> **DAVID**　：　So, not quite as secret as we'd hoped.
> 　　　　　　（思っていたほど秘密というわけではなさそうだね）
> **NATALIE**　：　What do we do now?
> 　　　　　　（どうするの？）
> **DAVID**　：　Smile, little bow and a wave.
> 　　　　　　（微笑む。会釈する。そして手を振る）

　比較を表す as 〜 as … は「…と同じほど〜」、また、過去完了形 had hoped は「（このことが起こる前に）期待していた」という意味を示しています。さらに not quite「必ずしも〜ない」という部分否定の意味が加わり、「必ずしも期待していたほど秘密の状態というわけではない」となります。いかなる状況にあっても沈着冷静さと威厳を忘れない、イギリス紳士デイビッドの人柄がにじみ出ている場面と言えるでしょう。

Boxing Day

　イギリスには様々な祝祭日がありますが、主なものをまとめて bank holiday と呼んでいます。bank holiday とは、銀行の休業により一般企業も休業するので、結果的に国民の休日となっている日のことです。

　イギリスでは、イングランド、ウェールズ、スコットランド、アイルランドの4つの国によって祝祭日の扱いは少しずつ異なりますが、クリスマスと並んで、それらどの国でも bank holiday (国民の休日) の扱いを受けている Boxing Day について、少し紹介しましょう。

　Boxing Day とは、リング上で闘うスポーツのボクシングとは関係ありません。それは、Christmas box (箱に入ったクリスマスの贈り物) を渡す日のこと。18世紀頃、領主がクリスマスの翌日に余った食べ物を使用人に分け与えたことに由来するもので、現在も従業員にボーナスを与えたり、牛乳配達、新聞配達、清掃に携わる人々にチップを渡したりする日として知られています。

　ちなみに、本作品の中でデイビッドがナタリーの家を探している最中、子どもたちからキャロリングを歌いに来た人と間違えられ、せがまれて歌った歌『Good King Wenceslas』は、Boxing Day にまつわる歌でした。

(朴)

第1章 愛の綴り

MOVIE 8　恋愛小説家　*As Good As It Gets*　1997年（米）

監督●ジェームズ・L. ブルックス　　出演●ジャック・ニコルソン、ヘレン・ハント、グレッグ・キニア

時には、情熱の赴くまま行動しないと。

It's not always good to let things calm down.

サイモン（グレッグ・キニア）　TIME：02:03:24

- It's = It is（Itは仮主語）
- not always good「いつもいいとは限らない」
- let things ～「物事を～させる」
- calm down「（興奮・怒りを）静める」

(c) Everett Collection / NANA

名セリフの決め所

　1997年公開のこの映画に主演したジャック・ニコルソンとヘレン・ハントは、同年に公開された『タイタニック』がアカデミー賞の作品賞や監督賞を総なめにする中、主演男優賞と主演女優賞を受賞しました。

舞台はニューヨークのマンハッタン。メルヴィンは、売れっ子の恋愛小説家ですが、極端な潔癖症で偏屈。手を洗うときには、毎回、新しい石鹸をおろす。毎日通うレストランではいつも必ず同じ席に座って、持参した使い捨てのナイフとフォークを使う。万事こんな調子です。毒舌家の人間嫌いで、当然、友達もいず、自分一人の世界にこもって暮らしています。そのメルヴィンをいつも担当するウェイトレスが、キャロル。彼女はシングルマザーで、ひどい喘息に苦しむ息子を育てています。

ある日、メルヴィンは隣に住むゲイのアーティスト、サイモンの犬を世話させられる羽目になります。最初は犬嫌いだった彼も、やがてその犬をかわいがり始めます。しかしサイモンに犬を返した後、彼は無性に寂しくなります。いつものレストランに行くとキャロルはおらず、普段から嫌われ者の客だった彼は、店のオーナーに追い出されます。彼は初めて孤独を感じるのです。

やがてメルヴィンは、キャロルに恋愛感情を抱き始めるのですが、口をついて出るのは憎まれ口や皮肉で、自分の気持ちを素直に伝えることができません。この名セリフは、それを見かねたサイモンが、メルヴィンの背中を押すために言うセリフです。

SIMON : It's not always good to let things calm down.
（時には、情熱の赴くまま行動しないと）

この言葉に力を得て、メルヴィンは彼女のアパートへ気持ちを伝えに向かいます。

第1章　愛の綴り

英語ミニ講義

　この名セリフ "It's not always good to let things calm down." は、直訳すると「物事を落ち着かせることが、いつも良いとは限らない」です。つまり、「物事が落ち着くのを、待っていてはいけないときもある」ということです。calm は、動詞で「～を静める、穏やかにする、なだめる」という意味があります。興奮している人に対して "Calm down!"「落ち着いて！」のように使うこともあります。

　このセリフの前、キャロルへの思いをどうしていいかわからないメルヴィンは、"Let me **sleep on it**." と言っています。sleep on it は、直訳すると「その上に寝る」となりますが、実際には「一晩寝て、ゆっくり考える」という意味のイディオムです。つまりメルヴィンは、「一晩寝て、ゆっくり考えさせてくれよ」と言うのですが、サイモンにはそんなことをして冷静になったら、偏屈で臆病者のメルヴィンは、告白するタイミングを失ってしまうということがわかっています。そこでサイモンは、冒頭の名セリフを言い、さらに "Don't sleep on it!" と励まして、メルヴィンを送り出すのです。

(c) Everett Collection / NANA

現代版シンデレラストーリー

　この映画は、ニューヨークの現代版シンデレラストーリーとして観ることもできます。キャロルはブルックリン地区の長屋のような家に住むウェイトレス。メルヴィンはマンハッタンの高級アパートに住む売れっ子作家。彼はキャロルの病気の息子に良い医者を紹介し、高額な治療費を払ってあげます。

　ブルックリン地区は同時多発テロ以来、マンハッタンから移る人が増え、環境もイメージもよくなりましたが、かつてはそうではありませんでした。往診に遅れて来た看護婦と医者は、"I don't know Brooklyn." "I couldn't find it either." と話します。この会話には「こんな地区には来たことがない」という意味が含まれています。

　キャロルは、息子が受けていた治療がお粗末なものだったことを知ります。アメリカでは極端な貧困層、高齢者などを除いて、国レベルの健康保険制度がありません。職場か個人が直接、民間の保険会社と契約します。そのため安い保険料しか支払えない人は、それに見合った医療しか受けられないことも珍しくありません。

　映画の舞台の社会的背景を知っておくと、さらに映画を観る視野が広がりますね。

（藤倉）

第1章　愛の綴り

MOVIE 9　恋愛適齢期　*Something's Gotta Give*　2003年（米）

監督●ナンシー・メイヤーズ　出演●ジャック・ニコルソン、ダイアン・キートン、キアヌ・リーブス

エリカ、君は愛すべき女性だ。

Erica, you are a woman to love.

ハリー（ジャック・ニコルソン）TIME : 01:11:27

- Erica「エリカ」（人名）
- you are 〜「あなたは〜だ」
- a woman to love「愛すべき女性、愛するための女性」

(c) Columbia / courtesy Everett Collection / NANA

名セリフの決め所

　ダイアン・キートン演じる主人公のエリカは、50歳代の脚本家。夫とは離婚し、一人でタフに生きています。ある日エリカの娘マリンが交際している63歳の音楽界の大物、ハリーを連れて海辺の別荘へやってきま

す。彼は30歳以下の美女としか付き合わないというマスコミでも有名な独身男性です。ところが、最初の夜にハリーは心臓発作を起こして入院してしまいます。退院後、別荘でしばらく療養することになり、エリカと同じ屋根の下で過ごし始めます。始めは傍若無人にふるまうハリーにエリカはとても苛立ちますが、やがてお互いに惹かれるようになります。

この名セリフは、二人で朝を迎えたベッドでハリーが言うセリフです。すっかり寝坊してしまったことに気付いたエリカは、めまいがするというハリーをベッドに残し、テキパキと動き始めます。

ERICA : Okay, just stay still, here's the clicker. You know you have a doctor's appointment in an hour. I'll make us some coffee, get you your pills, whip us up some French toast, I have the best maple syrup ever.
（わかったわ、じっとしていて。リモコンよ。お医者さんとの約束は1時間後。コーヒーを入れるわ。薬をとって来ましょう。すぐにフレンチトーストを作るわ。最高に美味しいメープルシロップがあるの）

そして、その様子をベッドから見ていたハリーが、満面の笑みを浮かべながら言うのです。

HARRY : Erica, you are a woman to love.
（エリカ、君は愛すべき女性だ）

第1章　愛の綴り

英語ミニ講義

　この "Erica, you are a woman **to love**." の to love は、〈to＋動詞の原形（love）〉で、to 不定詞の形容詞的用法です。前にある名詞、woman を後ろから修飾し、to は「～するための」または、「～すべき」と訳します。例えば、"I need something to eat." 「私は何か食べる（ための）ものが要ります」。"I have a lot of things to do." 「私にはすべきことがたくさんあります」。

　このセリフは、字幕では「君は愛すべき女性だ」となっています。日本語で「愛すべき人だ」という表現に抵抗はありませんが、このハリーの言葉を聞いたエリカは "What does that mean?" 「それってどういう意味？」と一人で顔をしかめます。英語の "a woman to love" は、日本語の「愛すべき女性だ」とは、少しニュアンスが違うのかもしれません。そこで、あえて to 不定詞のもう一つの日本語表現である「～するための」を当てるとどうでしょうか？「エリカ、君は愛するための女性だ」となります。ハリーの恋愛観が垣間見えて来ませんか？　次から次へとハリーは若い女性と付き合いますが、それは「プライドを満足させるため」で、必ずしも「愛するため」ではないことが浮かび上がります。ハリーにとってこの言葉は、女性への最高のほめ言葉だったのでしょう。しかし、エリカはピンときません。ハリーの独りよがりがよく表れていますね。

やっぱり若い方がいい？

　この映画で常に気になるのが、年の差です。ハリーとエリカの恋愛に加えて、映画のもう一つの見所は、キアヌ・リーブス扮するジュリアンとエリカの恋愛です。ジュリアンは、ハリーを診察した医師で36歳。かねてからエリカのお芝居のファンでした。彼の一途な愛情表現は、エリカを戸惑わせるほどです。ハリウッド映画で、オードリー・ヘプバーン主演の『昼下がりの情事』(1957年) のように、女性がかなり年上の男性と恋に落ちる話はあっても、男性が20歳も年上の50歳を過ぎた女性と恋に落ちるものは、これまであまりなかったのではないでしょうか。

　一方、マリンは自分が63歳のハリーと交際していたことは棚に上げて、父親が自分と変わらない年齢の女性と再婚すると聞き、パニックになります。離婚した場合、男性の方が女性よりも再婚する割合が高いのは、アメリカでも日本でも同じです。さらに再婚の場合、男性は年齢が離れた若い初婚の女性と結婚する割合が高いのも二つの国に共通した傾向です。ある調査では、日本人の妻、夫の両方が初婚の場合両者の年齢差は1.6歳ですが、妻初婚、夫再婚の場合、平均の年齢差は6歳になっています。ちなみに妻再婚、夫初婚の場合は年齢差は0.4歳です。

　しかしこの映画は最後に、人の魅力は若さとは関係なく、人にはそれぞれ年齢に応じた魅力があるという大切なことを教えてくれます。

（藤倉）

第2章　家族の絆

- オーロラの彼方へ
- クレイマー、クレイマー
- 電話で抱きしめて
- ファミリー・ゲーム
- ランブルフィッシュ
- リトル・ダンサー

第2章　家族の絆

MOVIE 10　オーロラの彼方へ　*Frequency*　2000年（米）

監督●グレゴリー・ホブリット　出演●デニス・クエイド、ジム・カヴィーゼル、エリザベス・ミッチェル

お前は、俺の天使だ。天から聞こえた声が、俺を助けてくれた。

You're the voice of an angel. Reached right out of heaven and you pulled my butt out of the fire.

フランク（デニス・クエイド）　TIME : 00:47:39

- You're = You are
- voice「声」
- reached「届いた」
- out of heaven「天国から」
- pulled A out of B 「AをBから引っ張り出した」
- butt「尻」

(c) Everett Collection / NANA

名セリフの決め所

6歳のジョンの父親フランクは、勇敢な消防士でしたが、1969年火災現場で命を落とします。それから30年、ジョンは一日も父親のことは忘れたことはありませんでした。1999年の父親の命日が2日後にせまった

日。NYにオーロラが輝いたその夜、ジョンの友人が、ジョンのクローゼットから古い無線機を見つけ出します。その無線機の電源を入れると聞こえてくる声。話している間に、それはフランクだとわかりました。不思議なことに、無線を通じて、30年前の父と話ができるのです。事故について知っているジョンは、父が事故に遭わないように助言します。

> **JOHN** : You went with your instincts. If you'd gone the other way, you would've made it.
> （父さんは直感で行ったんだ。もし反対に行っていれば、助かったんだよ）

ジョンの言葉を信じたフランクは、燃え盛る倉庫からの脱出に成功します。まさに、過去の歴史が変わったのです。その夜、フランクは無線で息子のジョンに報告し、感謝の言葉を述べます。

> **FRANK** : **You're the voice of an angel. Reached right outta heaven and you pulled my butt outta the fire.**
> （お前は、俺の天使だ。天から聞こえた声が、俺を助けてくれた）
> **JOHN** : Tell me I'm not dreaming here. Tell me it's really you.
> （これは、夢じゃないよね。本当に父さんだね）
> **FRANK** : It's me, John. This ain't no dream.
> （俺だ。夢なんかじゃないぞ）

30年の時を超えた無線の交信が、父子をしっかり結びつけるのでした。

第2章　家族の絆

英語ミニ講義

　NY市警の警察官であるジョンは、看護婦ばかりが殺害される「ナイチンゲール殺人」を担当します。捜査をしている過程で、看護婦である自分の母親ジュリアも30年前に殺されていることを知ります。歴史を変えなければ、今の母親は存在しないことになります。ジョンの手元にある資料から無線を通じて、30年前のフランクに指示を出し、犯人を捕まえようとします。しかし、犯人はフランクをも襲い、犯人逮捕に失敗します。「どうすることもできなかった」と悔やむフランク。ジョンは、「父さんのせいじゃないよ。でも、後戻りはできないんだ」と励まし、こう言います。

> **JOHN** : **All we can do is deal** with this and **try** to make it right.
> （俺たちができることは、これに対処して、事件を解決することなんだ）

　ここでは、〈all 主語 can do is (to) 原形不定詞〉の構文が使われています。この構文のように、be動詞の前にdoがある場合は、不定詞のtoはほとんどの場合、省略されます。これは、命令文と同様に話し手の「気持ち」が構文に含まれているからです。ジョンの「闘うしかないんだ。なんとかして歴史を変えなければ！」という強い気持ちが表れていますね。

タイムトラベル

　タイムトラベルとは、文字通り今の世界を抜け出して、過去や未来へ移動することです。皆さんも一度は、この映画のようにタイムトラベルをしたいと思ったことがあるでしょう。しかし、そんな人でも、タイムマシンやタイムトラベルは、アニメやSF映画の世界だけで、現実には不可能だと思っているかもしれません。しかし、本当に不可能なのでしょうか？

　現在、理論物理学を中心とする様々な学問的分野でタイムマシンの研究が進み、理論上の可能性は必ずしも否定できないようです。私たちは、時間は一定のスピードで止まることなく、未来に向かって進んでいると信じています。しかし、理論物理学の世界ではいくつかの異なった「時間の世界」が存在することが知られているのです。あのアインシュタインが生み出した「相対性理論」を基にした考え方です。アインシュタインは、光に近い速度で動く物体の中では、時間の進み方が遅くなると考えました。もし、この二つの時間が実際に存在し、二つの時間の間を自由に行き来できるマシンやパワーさえあれば、過去や未来へのタイムトラベルが可能かもしれないのです。ただ、あくまでもこれは理論上の可能性があるだけで、実際にタイムマシンを作り出すには、まだまだ多くの問題があります。しかし、そんな可能性を考えるだけでも、楽しくなってきます。いつか実用化されたら、皆さんはどの世界に行ってみたいですか？

（平井）

第2章 家族の絆

MOVIE 11　クレイマー、クレイマー　*Kramer vs. Kramer*　1979年（米）

監督●ロバート・ベントン　　出演●ダスティン・ホフマン、メリル・ストリープ、ジャスティン・ヘンリー

子どもを捨てて出て行くには、どれくらいの勇気が必要なんだ？

How much courage does it take to walk out on your kid?

テッド（ダスティン・ホフマン）TIME : 00:10:50

- How much courage「どれくらいの勇気」
- take「必要とする」
- to walk out on ～「～を捨てて出て行くには」
- kid「子ども」

写真協力 (財) 川喜多記念映画文化財団

名セリフの決め所

　この映画は、ニューヨークのマンハッタンに住む平凡な一家を中心に話が展開します。主人公のテッドは、仕事第一のやり手で出世街道まっしぐらです。しかし、家庭や子育ては妻のジョアナに任せきりで、こ

の日も深夜に帰宅します。重役のポジションの内示を受けて上機嫌のテッドを待ち受けていたのは、家を出るための荷物をまとめたジョアナでした。何とかその場を繕おうとするテッドですが、ジョアナの意志は固く、家を出ていきます。その後、心配して様子を見にきた妻の親友のマーガレットとテッドの間で、火花の散る会話が始まります。もともと、妻と陰口をたたいていたことに憤りを覚えていたテッドは、マーガレットに噛みつき、ジョアナの家出を彼女が後押ししたのではと責め立てます。それでもなお、饒舌にジョアナの行動を正当化するマーガレット。

MARGARET : ...And Joanna is a very unhappy woman. You may not wanna hear this, but it took a lot of courage for her to walk out of here.
（ジョアナはとても不幸な女性なのよ。耳が痛い話でしょうけど、家出するにはすごく勇気が必要だったのよ）

テッドは間髪を入れずに反論します。

TED : Huh-huh? **How much courage does it take to walk out on your kid?**
（そうかい？子どもを捨てて出て行くには、どれくらいの勇気が必要なんだ？）

離婚経験があり、シングルマザーとして苦悩の日々を送っているマーガレットにとってはカウンターパンチになるセリフです。この映画は1970年代にアメリカで急増した離婚の問題にメスを入れた作品ですが、冒頭のセリフは、そのテーマを象徴するものになっていますね。

第2章　家族の絆

英語ミニ講義

　前のページのテッドとマーガレットの会話には、実は前哨戦があります。"I came through this door to share with my wife one of the five best days of my life..."「帰宅して妻と人生のベ

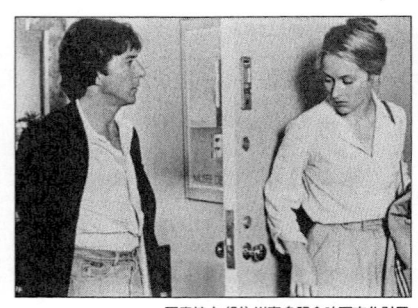

写真協力（財）川喜多記念映画文化財団

スト5に入る1日を妻と分かち合おうと思っていたのに…」とまくし立て、「そんな日に妻に家出された俺の気持ちがわかるか？」と言うテッドに対して、マーガレットは冷たく、"Yeah! She **loused up** one of the five best days of your life."「わかるわ。あなたの人生のベスト5に入る1日を台無しにしたのよね」と突き放します。この louse up を辞書で調べると、「台無しにする、乱雑にする」という慣用句として載っていますが、何かに気がつきませんか？　そうです！　louse は元来、「シラミ」という名詞で、それが動詞化した語なのです。つまり、louse up の原意は「シラミだらけにする」という意味です。このような表現を「名詞由来動詞表現」といいますが、他にもたくさんあります。中学・高校で習う bike、book、chair、email、glue、pen、parrot、sandwich、skin、voice などの名詞の意味を知っていれば、それが動詞として使われたときの意味は容易に類推できるのではないでしょうか。

映画の副産物

　『クレイマー、クレイマー』は、ハリウッド映画を代表する作品の一つといっても差し支えないでしょう。この映画は第52回アカデミー賞で、作品賞を受賞しています。それ以外では、テッド役の演技派、ダスティン・ホフマンが主演男優賞を受賞しており、ジョアナ役のメリル・ストリープが助演女優賞を手にしています。監督賞と脚色賞には監督のロバート・ベンドンが選ばれています。このように見ると、この映画のすべてが緻密な計算に基づいて作られたように思われがちですが、実際には偶発的な副産物の部分もあるようです。例えば、当初ジョアナ役には初代チャーリーズ・エンジェルで活躍していたケイト・ジャクソンが考えられていたそうですが、彼女は超多忙で出演できなかったそうです。そこで、当時まだあまり有名でなかったメリル・ストリープに白羽の矢が立てられたとのことです。また作品の中で、テッドとジョアナがカフェで再会し、激怒したテッドがワイングラスを壁に叩きつけ、メリル・ストリープが迫真の驚きを表す場面があります。実はワイングラスを割る演技は台本にはなく、ダスティン・ホフマンのアドリブだったそうです。つまり、メリル・ストリープが見せた驚愕の表情は演技ではなかったのです。

　ちなみに、映画の冒頭と終わりに父子がフレンチトーストを作るシーンがありますが、このシーンのおかげで、アメリカでのフレンチトーストの人気が急上昇したそうです。

(倉田)

第2章　家族の絆

MOVIE 12　電話で抱きしめて　*Hanging Up*　2000年（米）

監督●ダイアン・キートン　　出演●メグ・ライアン、ダイアン・キートン、リサ・クドロー

私は母親になるようなタイプの女性ではなかったのよ。

I'm not one of those women who needed to be a mother.

パット（クロリス・リーチマン）　TIME : 00:34:47

- I'm = I am
- one of those women「そうした女性たちの一人」
- who（主格の関係代名詞）
- needed to be ～「～である必要があった」
- mother「母親」

(c) Columbia Pictures / courtesy Everett Collection / NANA

名セリフの決め所

　メグ・ライアン演じるイヴは、三姉妹の次女です。頑固で独りよがりの父親は離婚以来、酒におぼれ、すさんだ生活をしています。今では認知症が進み、娘を他人と間違えることさえあります。家事、育児、仕

事に忙しいイヴにたびたび電話をかけ、一方的に昔話をまくし立てて電話を切ってしまいます。でもイヴはどんなに迷惑をかけられても、電話が鳴るたびに父親に何かあったのではないかと心配で、電話に出ないことはありません。一方、人気女性雑誌の編集長である長女のジョージアと昼メロ女優の三女のマディは、イヴに父の介護を任せきり。イヴは彼女たちに父親の様子を伝え、お見舞いに来るように訴えますが、自分たちの仕事や恋愛に夢中の彼女たちはとりあってくれません。

この映画はデリア・エフロンが書き、高い評価を得た同名の小説を映画化したもの。彼女は、大ヒットしたメグ・ライアン主演の映画、『恋人たちの予感』(1989年) の脚本を書き、『ユー・ガット・メール』(1998年) を監督したノーラ・エフロンの妹です。二人は多くの作品を共同で作っています。今回は妻、母、娘として家事、育児、介護の役割を同時にこなすことを期待される女性の姿をコミカルに描いています。

冒頭の名セリフは、離婚後、庭の草花は枯れ、散らかり放題の荒れ果てた家に住む父を見かねたイヴが、母親に家に戻ってきてくれるように説得に行った際のものです。母親に、何もかもめちゃくちゃだから帰ってきて欲しいと訴えるイヴ。母親はこう答えます。

> **PAT** : What I mean is, **I'm not one of those women who needed to be a mother.**
> (つまりね、私は母親になるようなタイプの女性ではなかったのよ)

母親のこの言葉を聞いたイヴは、絶句してそのまま帰るしかありませんでした。

英語ミニ講義

母親のパットのセリフ "**What I mean is**, I'm not **one of those** women who needed to be a mother." の What I mean is 〜 は、直訳すると「私が意味するのは」ですが、「つまり私が言いたいのは〜」と訳せます。one of those 〜 は、「ある共通の特徴を持つ人(もの)たち」への所属を意味します。ここでは、「母親にならなければいけないと思っている女性たち」の中に自分が所属しているかどうかが問題になります。I'm not が前についていますから直訳すると、「母親にならなければならないと思っている女性たちには所属していない」になります。つまり、「私は母親になるようなタイプではなかったの」と言いたかったわけです。気をつけたいのは、one of those ですから続く名詞は複数形、ここでは woman でなく women になっていますね。

〈not one of those＋名詞＋関係代名詞〉の表現には、皮肉を込めた、あるいは自嘲気味のニュアンスが含まれることがあります。このセリフにおいても、母親は、「みんなが望んでいる母親になるような、そんな女じゃないのよ」という自嘲や、女性に「母親」の役割を当たり前のように期待する社会への批判を込めているのかもしれません。

(c) Columbia Pictures / courtesy Everett Collection / NANA

アメリカの介護事情

　アメリカでは、この映画のテーマの一つである「親の介護」を誰が担っているのでしょうか？

　日本では親を施設に入所させたり、ヘルパーの手を借りることにまだ抵抗を覚える人もいます。親の介護の主な担い手は、嫁、娘であることが息子に比べて多いですね。アメリカでも事情は日本とあまり変わりません。やはり施設に入れることには「罪悪感」がありますし、良い施設は高額です。実はアメリカでも「嫁」が介護を担うことがしばしばあります。子どもに男の兄弟しかいない、あるいは娘たちが遠くに住んでいて、他に夫の親の介護をする人がいない時などです。男性が介護を担うのは、家族に女性がいない場合がほとんどです。あくまで主たる担い手は女性なのです。しかし、アメリカでは最近、息子が親の介護をするケースが増えています。その理由として、未婚・離婚男性の増加、夫の両親と妻の疎遠などがあげられています。子どもの数が少なくなっていることも原因の一つでしょう。

　この映画の評価は、分かれています。コメディとして観た人は、ガッカリした人が多いようです。しかし、登場人物と同じような経験（姉妹同士のライバル競争、結婚、離婚、介護など）を持つ人たちには、共感を持って迎えられました。人生の様々な経験をした後で観ると、同じ映画でも、若いときとは違う印象を受けるのかもしれませんね。

（藤倉）

第2章 家族の絆

MOVIE 13 ファミリー・ゲーム　*The Parent Trap*　1998年（米）

監督●ナンシー・メイヤーズ　出演●リンゼイ・ローハン、デニス・クエイド、ナターシャ・リチャードソン

いくら君が強がっても、もう同じ間違いはしないよ。

I'm not going to do that again no matter how brave you are.

ニック（デニス・クエイド）　TIME : 02:00:42

- I'm = I am
- am not going to do「するつもりがない」
- again「再び」
- no matter how brave you are「いくら君が勇敢でも」

(c) Walt Disney / courtesy Everett Collection / NANA

名セリフの決め所

　ニックはカリフォルニア州でワイナリーのオーナーとして、エリザベスはイギリスのロンドンでウェディングドレスのデザイナーとして成功している元夫婦です。二人は愛し合いながらもお互いの仕事のために離婚し、

The Parent Trap

双子の娘ハリーとアニーを一人ずつ引き取って暮らしていました。11年後、娘たちは偶然メイン州のキャンプで出会い、自分たちが双子の姉妹であることを知ります。そして、両親をもう一度結びつけようと計画するのです。

キャンプが終わると、アニーとハリーはお互いに相手になりすまして、まだ見ぬ父、母のもとに帰ります。しかし、父ニックに美人の婚約者が出現。口実を設けて、ハリーはエリザベスをカリフォルニアに連れてきます。思いがけない再会に動揺するニックとエリザベス。しかし、事態は娘たちの思うようには進まず、エリザベスは帰国するために空港へ向かいます。しかし、彼女にとって思いがけないことに、ニックとハリーが先回りしてエリザベスを待っているのです。そこで、ニックの名セリフ。

> **NICK** : I made the mistake of not coming after you once, Lizzy. **I'm not going to do that again no matter how brave you are.**
> (昔、君を追いかけずに後悔した。いくら君が強がっても、もう同じ間違いはしないよ)

そしてニックは、強気のエリザベスの言葉を遮るようにキスをし、ハッピーエンドの幕が降ります。

この映画は、ドイツの児童文学『ふたりのロッテ』をディズニーが1961年に映画化した『罠にかかったパパとママ』のリメイク版。『花嫁のパパ』などの作品で知られるナンシー・マイヤーズ監督がメガホンをとりました。

第2章　家族の絆

英語ミニ講義

双子の姉妹のハリーとアニーは、サマーキャンプ終了後に入れ替わって帰国することになります。そこで、ハリーの髪型をまねてアニーが髪を切ることに。

HALLIE : Don't **panic**. You look great. Looking good.
　　　　　（大丈夫。すっごく似合うよ。いい感じ）

日本語で「パニック」といえば名詞ですが、英語の panic は名詞以外に自動詞としても使われますので、注意して下さい。アニーは鏡を見て、

ANNIE : This is so scary.
　　　　　（うっそみたい。怖くなっちゃう）

アニーの髪型について、ハリーはこう断言します。

HALLIE : Honey, you **never** looked **better**.

このハリーのセリフの意味がわかりますか？　否定語 never と形容詞の比較級 better が入っていて、ちょっとややこしい文ですね。直訳すると、「あなたは、今以上に見栄えが良かったことはない」、すなわち「今が一番見栄えが良い」ということです。ハリーのセリフは現在完了を使うのが文法的ですが、このような文は過去時制で代用する場合も少なくありません。とにかく、never と better が一つの文にワンセットで出てきたら、「これ以上はない」「最高だ」と解釈して間違いないでしょう。

「隔て」

　サマーキャンプも終わり、ハリーとアニーが計画した「入れ替わり大作戦」が始まります。エリザベスとロンドンで暮らしているアニーは、お父さんのニックに生まれて初めて会うのが楽しみです。ニックの自宅で迎えたのはお手伝いのチェシーと愛犬のサミー。そのときチェシーは、

CHESSY: What do ya wanna do first, huh? You wanna eat and then unpack? Or, uh, we **could** unpack and then eat. Or we **could** eat while we unpack.
（さぁ、おちびちゃん、真っ先に何がしたいって？ 食べてから荷物をほどこうか、それとも荷物をほどいてから食べるのか、片づけながら食べるのか）

　助動詞の過去形が出てくると、条件反射的に「仮定法！」と考える人がいますが、実はそうとは限りません。英語の用法には、現在または未来のことを言う場合でも表現を軟らかくするために過去時制を使うことがあります。つまり、現在時制が持つ現実感から心理的に距離をとって、より間接的で現実感の弱い表現にするために過去形を使うわけです。英語学の世界ではこの用法を distancing と呼ぶことがあります。日本語に直せば「隔て」というところでしょうか。

　上のセリフでは、チェシーが断定的な表現を避け、can に「隔て」を入れて、控えめで柔らかな表現である could を使っていますね。

(横山)

第2章 家族の絆

ランブルフィッシュ　*Rumble Fish*　1983年（米）

14

監督●フランシス・コッポラ　　出演●マット・ディロン、ミッキー・ローク、デニス・ホッパー

鋭い感性と狂気は別ものだ。だが時に、鋭い感性というものは人を狂気に追い込むことがある。

An acute perception, that doesn't make you crazy. However sometimes... it can drive you crazy, an acute perception.

ラスティーの父（デニス・ホッパー） TIME : 01:16:48

- acute「鋭い」
- perception「知覚、認知」
- doesn't = does not
- make you crazy「人を狂わせる」
- however「けれども、しかしながら」
- drive you crazy「人を狂気に押しやる」

写真協力（財）川喜多記念映画文化財団

名セリフの決め所

　不良高校生のラスティーは、頭がよくてけんかも強い兄モーターサイクルボーイに憧れを抱き、いつか兄のようになりたいと願っています。しかし、街を離れていて帰ってきた兄は以前の荒くれた様子を見せず、

弟の期待とは裏腹に、静かに過ごすばかりです。

ある日、兄と一緒にいたラスティーは、インテリで飲んだくれの父とカフェで出会います。幼い頃失踪した母のことを知りたかった彼は、母は狂っていたのかと父に尋ねます。そして、父はこのように答えます。

> **DAD** : I mean... **An acute perception, that doesn't make you crazy. However sometimes... it can drive you crazy, an acute perception.**
> (つまり、鋭い感性と狂気は別ものだ。だが時に、鋭い感性というものは人を狂気に追い込むことがある)

父が何を言いたいのか理解できないラスティーに、父はさらにこう付け加えます。

> **DAD** : No, your mother... is not crazy. And neither, contrary to popular belief, is your brother. He's merely miscast in a play.
> (いや、お前の母親は狂ってない。それに、お前の兄貴も狂ってない。たとえ世間が狂っていると思っていようがな。ただ、あいつは合ってもいない役柄を与えられているだけだ)

父は兄を、時代と場所を間違えて生まれてきたかわいそうな人間だと思っていますが、ラスティーにはそのことが理解できません。単純にかっこいい兄のようになりたいと願う彼ですが、最後にラスティーは兄からあるメッセージを託され、兄の悲しい姿を目にすることになります。

英語ミニ講義

ラスティーは憧れの兄モーターサイクルボーイと一緒になって街を制圧しようとしますが、兄はケンカにも縄張り争いにも興味を示しません。

いくら一生懸命語りかけても真剣に聞いてくれない兄に、ラスティーは次のように頼みます。

Rusty : I want you to see me when you **look at** me.
(俺の方を向いてるときは俺のことを見てくれよ)

"see" や "look at" は「知覚動詞」と呼ばれる視覚に関する表現で、日本語では両方「見る」と訳されます。しかし、see は対象が「見える」という意味であるのに対して、look at は対象に視線を向けるという「行為」を表します。この場面では、視線はこちらを向いていても、自分のことがまるで目に入っていないような兄に、ラスティーが文句を言っています。これに対して兄は、

Motorcycle Boy : I do **see** you, Rusty James.
(見てるさ)

と答えます。ちゃんと「見えている」という意味ですね。

視覚に関する表現には watch もありますが、こちらは「注意して(動きを)見る」という意味になります。モーターサイクルボーイがラスティーに、闘魚に鏡を見せたらどうなるかを示すときに、"**Watch** this."「見てろよ」と言うのも、watch には観察するという意味合いがあるからです。

メタファー

　タイトルの"Rumble Fish"は、映画の中で二つのイメージを表しています。ランブルフィッシュは東南アジア原産の闘魚です。しかし、"rumble"には俗語として「不良グループの乱闘」、"fish"には「いやな野郎、お尋ね者」という意味もあります。"Rumble fish"は直接的に主人公のラスティー・ジェームズや兄のモーターサイクルボーイを指している言葉でもあり、闘魚を彼らに例えているメタファー（隠喩）にもなっています。

　ある日、ペットショップに立ち寄り、ラスティーは、ランブルフィッシュに見とれている兄になぜこの魚は一匹ずつ別々の水槽に入っているのか、と尋ねます。「ランブルフィッシュはお互いに殺し合うからさ」と答えるモーターサイクルボーイ。その返答から窺えるように、ランブルフィッシュはその美しい姿からは想像し難いような激しい性質を持っています。画面に浮かび上がる赤と青のランブルフィッシュは、頭がよくて穏やかに見える反面、実は激しい性質を持っているモーターサイクルボーイのイメージと重なり合っています。

　映画のラストで、モーターサイクルボーイはペットショップのランブルフィッシュを川に放して警官に射殺されますが、その前にラスティーに「ここを去って、川に沿って海へ行け」と言い渡します。魚が水槽から川に放たれ自由になるように、町を去ることで、ラスティーも自由な別の道を歩めるようになるのかもしれません。

（松井）

第 2 章　家族の絆

15 リトル・ダンサー　*Billy Elliot*　2000年（英）

監督●スティーブン・ダルドリー　　出演●ジェイミー・ベル、ジュリー・ウォルターズ、ゲアリー・ルイス

**世の中のいろんなことを見に旅立つ時ね。
がんばってね、ビリー。**

This is when you go out and find life and all those other things. The best of luck, Billy.

ミセス・ウィルキンソン（ジュリー・ウォルターズ）TIME : 01:37:17

- This is when ～「今が～する時です」
- go out「旅立つ、出かける」
- life「人生」
- all those other things「他のあらゆること」
- The best of luck「幸運を祈る、がんばれ」

(c) Everett Collection / NANA

名セリフの決め所

　イギリス北東部の、貧困にあえぐ炭鉱の町。11歳のビリーは、妻を失い悲しみの癒えない父、ストライキを断行することにのみ希望を求める兄、老齢で家に閉じこもりっきりの祖母と暮らしています。

ボクシングの練習中、ビリーはバレエのレッスンに魅了され、父に内緒でバレエを習い始めます。そのバレエ教室を指導するのがウィルキンソン先生。ビリーの才能を見抜いた彼女は、彼にロンドンの名門ロイヤル・バレエ・スクールのオーディションを受けるよう勧め、そのための指導を始めます。しかし、家族に内緒でロイヤル・バレエ・スクールを受験する計画がばれて、父に猛反対されます。

　ところがクリスマスの晩、ビリーは父の前で初めて踊ってみせます。彼の踊りの素晴らしさに感動した父は、息子にバレエを続けさせ、ロイヤル・バレエ・スクールに入れる決心をします。見事スクールに合格したビリーは、ロンドンに発つ前にウィルキンソン先生に挨拶に行き、先生と離れる寂しさから本音を漏らします。

BILLY : I'll miss you, Miss. （先生、会えなくなると寂しいよ）
MRS. WILKINSON : No you won't. （そうかしら）
BILLY : I will, honest. （そうさ、本当だよ）

ビリーが背中を押して欲しいのを察した彼女は言います。

MRS. WILKINSON : **This is when you go out and find life and all those other things. The best of luck, Billy.**
（世の中のいろんなことを見に旅立つ時ね。がんばってね、ビリー）

このセリフの後、彼女はあっさりバレエのレッスンへ戻りますが、この彼女の一言は、ビリーへのはなむけの言葉であると同時に、彼との師弟関係の終了を告げる、自分自身への宣言にもなっています。

第2章　家族の絆

英語ミニ講義

　ロイヤル・バレエ・スクールの踊りの試験で失敗したと思い込んだビリーは落ち込みます。面接のときも短い返答しかできません。ですが、最後に面接官がビリーに「踊っているときどんな気分か教えてちょうだい」と尋ねると、彼は非常に印象的な返答をします。

> **BILLY** : Sort of disappear —— **like** I feel a change in **me** whole body —— **like** there's fire in me whole body. I'm just there flying —— **like** a bird. **Like** electricity. Yeah, **like** electricity.
> （何もかも消えてしまうというか。体全体が変化して、体中に火がついたような感じです。ただ宙を飛んでいる──鳥のように。電気のように。そう、電気みたいに）

　like「〜のような」は何かに例えるとき、つまり直喩に用いられる表現です。節、動詞、名詞など例えたいものの前に置いて使います。ここでは踊るという行為を「体の変化」「火」「鳥」「電気」に例えています。「踊る」行為と例えるもののイメージがかけ離れていればいるほど、印象的になります。彼の例えは、彼がいかにテクニックではなく、自然な衝動で踊っているのかを物語っています。ちなみに in me whole body の me は正しくは所有格の my です。ビリーの出身地の方言が出ています。

男らしさ？　女らしさ？

　この映画は「巣立つ子ども」と「子の夢を通して希望を見出す親」を描いたドラマと言えますが、もう一つ目を引くのは友人のマイケルの心の旅です。マイケルの物語は伏線として描かれていますが、重要な意味を持っています。

　父親はビリーに自分や長男のような「男らしい男」になってもらうべく、ボクシングを習わせますが、母親の性質を受け継いだ彼はそれとは正反対のバレエに魅了されます。「バレエは女のやるものだ」と反対する父、それを男がやってどうしていけないのか問うビリー。父親の持つ「男は仕事」「女は家庭」という伝統的世界観ではありえない選択です。だから父は、このビリーの質問に容易に答えることができません。そんな親子の葛藤の合間にマイケルのエピソードが差し挟まれています。ビリーに姉のドレスを着ているところを見せたり、バレエレッスンで女の子が着るチュチュを持ってきてくれと頼んだり、ちらちらと本当の自分をさらけ出します。一方ビリーは、「男」「女」の枠組みを信じないためそんな彼を拒絶せず、むしろ理解者として彼を受け入れています。固定的階級、地域的閉塞性、価値観の束縛、こうしたものからビリーとマイケルは抜け出していきます。いろいろな意味で飛び立っていくビリーは、父親と兄に人生の希望を与えます。マイケルは映画の最後に、女性になってビリーの初舞台を見に来ます。彼は、固定的な男・女というジェンダーの境を越えて本当の自分を生きる、象徴的な存在なのです。

(村尾)

第3章　若者たちの心

- *17歳のカルテ*
- *グッド・ウィル・ハンティング*
  旅立ち
- *ブリジット・ジョーンズの日記*
  きれそうなわたしの12ヶ月
- ミラクル

第3章 若者たちの心

MOVIE 16 17歳のカルテ　*Girl, Interrupted*　1999年（米）

監督●ジェームズ・マンゴールド　出演●ウィノナ・ライダー、アンジェリーナ・ジョリー、ウーピー・ゴールドバーグ

今までに夢と現実を混同したり、お金があるのに万引きしたりしたことはない？

Have you ever confused a dream with life or stolen something when you have the cash?

スザンナ（ウィノナ・ライダー）TIME : 00:01:39

- ever「かつて、今までに」
- confused a dream with life「夢と現実を混同した」
- stolen something「何かを盗んだ」
- cash「現金」

(c) Columbia / courtesy Everett Collection / NANA

名セリフの決め所

　1967年、精神的に不安定だった17歳のスザンナ・ケイサンは、アスピリン一瓶とウォッカ一瓶を飲んで病院に運ばれます。彼女はボーダーライン・ディスオーダー（境界性人格障害）と診断され、施設に送られるの

ですが、そこで彼女は自分以上に問題を抱えている少女たちと出会い、彼女らとの共同生活の中で自分自身を取り戻していくことになります。

映画はスザンナの次のナレーションで始まります。

SUSANNA : **Have you ever confused a dream with life or stolen something when you have the cash?**
(今までに夢と現実を混同したり、お金があるのに万引きしたりしたことはない？)

SUSANNA : Have you ever been blue or thought your train moving while sitting still?
(落ち込んだり、乗ってる電車が止まっているのに動いているって思ったりしたことはない？)

高校卒業後、周りが大学に進学する中、スザンナは進学せずに作家になろうと考えていました。しかし、その夢は周囲になかなか受け入れてもらえません。彼女は様々な葛藤を繰り返しながら、ボーダーライン・ディスオーダーという病名を与えられた自分と向かい合っていくようになります。

成長過程で精神的に不安定になることはよくあることです。上のセリフでスザンナが尋ねているように、夢か現実かが一瞬わからなくなったり、落ち込んだりするという経験は、誰にでもあることでしょう（万引きの経験は別として）。映画では、施設に入るほど不安定な若者たちが描かれていますが、社会に適応できないティーンエイジャーの葛藤というテーマは、誰しも共感できるものではないでしょうか。

第3章　若者たちの心

英語ミニ講義

　問題児のリサと施設から脱走したスザンナは、施設で一緒だったデイジーのアパートを訪ねます。しかし、デイジーと仲が悪かったリサは、病気や父親との関係についてデイジーを責め立てます。そして、その翌朝、デイジーは自殺してしまいます。

　リサはデイジーの自殺に責任を感じることなく、その場から逃亡してしまいますが、施設に戻ったスザンナは、デイジーの自殺を止められなかったことに対する後悔の念を看護師長に打ち明けます。看護師長は、自分の心情を打ち明けることはいいことだから、病気を回復させるために医者にもそうしなさいとアドバイスします。そして、自分の病気のことがわからないのにどうやって回復できるのかと問いかけるスザンナに、"But you **do** understand it." 「わかっているじゃない」と言って励まします。

　このセリフの do は動詞の原型の前に置かれる強調の助動詞で、強勢（強いアクセント）が置かれます。また、主語や時制によっては、"He **does** understand it." や "I **did** understand it." のように、does や did にもなります。このセリフでは、助動詞 do によって、スザンナが病気のことをちゃんと理解しているということが強調されているのです。

　このように看護師長から励まされたスザンナは、自分の過去の行動を反省し、自分自身を取り戻すことに前向きに取り組むようになります。

自殺と罪の意識

「自殺をする」という表現に commit suicide がありますが、この映画で使われるのは kill oneself という表現だけです。スザンナが自殺未遂をしたときには、"I didn't try to kill myself."「自殺しようとしたんじゃない」と言いますし、デイジーの自殺を発見したときには、"I think she killed herself."「自殺したみたいです」と言います。何気なくイディオムとして覚える commit suicide と kill oneself では何が違うのでしょうか？

アメリカやイギリスはキリスト教が優勢な社会ですが、キリスト教では、自殺は「罪」だと考えられます。人の命をコントロールできるのは神のみであり、自殺であっても命を奪うということは神への冒涜になるという考えです。commit suicide の commit は commit a crime（犯罪を犯す）と同様で「罪を犯す」という意味です（suicide はラテン語が語源で self + killing が原義）。

もうおわかりですね。commit suicide という表現には自殺に対する罪悪感が含まれているのです。ですから、罪の意識を匂わせたくない場合には、commit suicide という表現は好まれません。一方、kill oneself にはそのようなニュアンスはありません。話者の信条によって、「自殺する」をどう表現するかが違ってくるのです。

（松井）

第3章　若者たちの心

MOVIE 17　グッド・ウィル・ハンティング 旅立ち　*Good Will Hunting*
1997年（米）　監督●ガス・ヴァン・サント　出演●ロビン・ウィリアムズ、マット・デーモン、ベン・アフレック

もう一度テーブルに金を置いて、どんなカードが出るか見てみようと思うんだ。

I figured I'm just going to put my money back on the table and see what kind of cards I get.

ショーン（ロビン・ウィリアムズ）　TIME : 01:53:47

- figure「思う、考える」
- I'm = I am
- am going to put「置こうと思う」
- put ~ back =「~をもう一度置く」
- what kind of ~「どんな種類の~」
- cards「（ポーカーに使用するトランプの）カード」

(c) Everett Collection / NANA

名セリフの決め所

　マサチューセッツ工科大学のランボー教授は、学生への課題として難解な数学の問題を教室の外の黒板に書いておきます。誰も解けないと思われたその問題に見事答えたのは、大学の清掃員のウィルでした。教授

は彼の才能に眼をつけ、乱闘騒ぎで逮捕されたウィルを自分が保証人となって釈放させ、ウィルに数学を学び、心理カウンセリングを受けることを約束させます。

　ウィルの担当カウンセラーは、妻を亡くし深い悲しみを抱えるショーンでした。ウィルは、カウンセリングの最中にショーンの描いた絵を見て、彼の心の傷を見抜きます。一方ショーンも彼のことを怯えた子どものようだと感じます。過去に養父に虐待されたトラウマを持つウィルは、上手く人間関係を築くことができません。彼はスカイラーという女子学生に恋をしますが、彼女が自分を本当に受け入れてくれるのか不安で、関係を深められずにいます。ショーンも妻の思い出に浸り、時が止まったままの生活を送っています。二人は本心でぶつかり合う中、少しずつ互いの心の傷を癒していきます。ショーンは最後のカウンセリングで、自分の気持ちを語ると共に、ウィルの旅立ちにはなむけの言葉を贈ります。

SEAN : **I figured I'm just gonna put my money back on the table and see what kind of cards I get.** You do what's in your heart, son, you'll be fine.
（もう一度テーブルに金を置いて、どんなカードが出るか見てみようと思うんだ。君も思った通りにするんだよ、君なら大丈夫だ）

　これは、人生をカードゲームに例えて、もう一度前向きに生きようというショーンの決意を表したものです。

　ウィルは、ランボー教授の勧めた大企業への就職を蹴り、自ら道を見つけようと歩き始めるのです。

第3章　若者たちの心

英語ミニ講義

　ウィルとショーンがカウンセリングの中で話す内容は、この映画の中で特に重要な場面です。ショーンはどのように人間関係を築けばよいのか、自分の経験を基にウィルにアドバイスします。欠点があることは問題ではない、親密になるということは互いの欠点を知ることであり、互いにとって相手が素晴らしい存在かどうかが重要なのだと語ります。

> **SEAN** : But **the only way** you're finding out that one **is by** giv**ing** it a shot.
> （でもそんな相手を見つけるには、当たって砕けるしかないんだ）

　このセリフには、〈the only way...is by 〜ing〉という構文が使われています。the only way is「ただ一つの方法は」と、by 〜ing（動名詞）「〜することによって」とが合わさった表現です。つまり「…するには〜するしかない」という意味になります。また、give it a shot は「やってみる、試みる」という意味の熟語です。他にも give it a try, give it a buck という表現もあります。try を動詞として使う以外にも、いろいろな表現を知っていると便利ですね。

　ショーンは、自らの経験を語りながらウィルが一番必要としているアドバイスを与えようとします。ウィルとのカウンセリングを通じて、自分の言葉が自分の傷を語り、また癒すことになることを知らずに。

Good Will Hunting

アメリカン・ドリーム

　アメリカン・ドリームとは何かを要約するのに良いフレーズがあります。rags to riches「ぼろから金持ちへ」というフレーズですが、これは単に貧乏から金持ちへという経済的な成功を表すだけでなく、未熟な段階から、進歩へとつながる人間の成長をも意味していました。しかし、次第に短絡化の道をたどり、ついに「富＝成功」となったこの思想は、成功者には精神的なフラストレーションを生み、挫折者には夢と現実の間の深い溝を見せつけることになります。

　ウィルは不遇だけれども恵まれた才能を持ち、援助者に恵まれ、アメリカン・ドリームを絵に描いたような人生を送ることが可能な人物です。ですが彼はこの道を選びません。誰もが願うはずのアメリカ的成功の道を、彼はいとも簡単に捨ててしまいます。彼のこの行為は、形骸化し、もはや経済的な満足以外何も与えてくれなくなったアメリカン・ドリームをからかい、風刺するがごとくの行為です。彼は自分に問いかけて、本当に自分が求めるものは何かをしっかり見定めようとする —— そんな結末になっています。

(村尾)

(c) Everett Collection / NANA

第3章 若者たちの心

MOVIE 18 ブリジット・ジョーンズの日記 きれそうなわたしの12ヶ月 *Bridget Jones: The Edge of Reason* 2004年（米） 監督●ビーバン・キドロン 出演●レニー・ゼルウィガー

確かにBGMも雪もないけれど、だからって無意味とは限らないわ。

I know there is no music playing and it's not snowing, but that doesn't mean that it can't really be something.

ブリジット（レニー・ゼルウィガー） TIME：01:37:44

- I know ～「～であるとわかっている」
- there is no ～「～がない」
- that doesn't mean that ～「～ということを意味しない」
- can't be ～「～であるはずがない」
- something「素晴らしいこと」

(c) Universal / courtesy Everett Collection / NANA

名セリフの決め所

30代独身のTVレポーター、ブリジット・ジョーンズは、実家で開かれたパーティーで人権専門の弁護士マーク・ダーシーと出会い、紆余曲折の末、交際に漕ぎ着けます。ところが、順調な交際も束の間、ささいな

誤解がきっかけとなり、喧嘩別れしてしまいます。その後、ブリジットはタイへ取材旅行に出かけますが、帰国の日に、知人から預かった荷物の中にコカインが入っていたことで、タイ当局によってそのまま拘留されてしまいます。マークの計らいで何とか釈放されることになりますが、彼の冷たい態度に接して、帰国できることを喜ぶどころか悲しみに打ちひしがれます。

　しかし、マークが彼女のために陰でどれほど身を粉にして奔走してくれたかを後に友人から聞かされたブリジットは、すぐさま彼の職場に駆けつけます。会議の議長を務めるマークとその他大勢の人たちの前で、マークに対する感謝の気持ちを述べます。そして、大胆にもこう言うのです。「それに彼を愛していることも伝えたかったのです。今までも、これからもずっと」

　マークは会議室からブリジットを連れ出して、「あれではロマンティックとは言えない」とたしなめます。しかし、ブリジットは必死で反論します。

BRIDGET : I know that there is no music playing and it's not snowing, but that doesn't mean it can't really be something.
（確かにBGMも雪もないけれど、だからって無意味とは限らないわ）

そして、マークはプロポーズの言葉を言おうとするのですが…。

第3章 若者たちの心

英語ミニ講義

　映画には、動物をモチーフとした比喩がしばしば登場します。「〜のように」と例える方法は「直喩」、一方「〜のように」などの言葉を用いない方法を「隠喩」と呼びます。例えば、ブリジットと友人トムとの会話では隠喩が登場します。

BRIDGET : Straight from the **horse**'s mouth.
　　　　　　（本人の口から直接よ）
TOM : I'm afraid the **horse** wasn't quite telling you the truth.
　　　　（奴は君に本当のことを言ってないと思うよ）

　horse は本来の「馬」をいう意味以外に「人、奴」という意味も表します。隠喩として頻繁に使用されて、意味が定着したのかもしれません。

　また、この映画シリーズの前作では、ブリジットの母親のセリフに直喩が見られます。

MOTHER : Now it's the winter of my life and I haven't actually got anything of my own. I'm **like the grasshopper** who sang all summer.
　　　　　（人生の冬を迎えたというのに、私には何も残されていないの。まるで夏中歌い通したキリギリスのように）

　母は、自らをイソップ童話『アリとキリギリス』のキリギリスに例えて自らの人生への後悔を表します。

　このように比喩には、意味を豊かに伝える働きがあるのです。

🎬 イギリスのパーティー

　イギリスはパーティーが盛んに行われる国として知られています。実際にこの映画シリーズの本作、前作共に、ブリジット宅で行われた house party（多くの人がある家に飲食目的で集まるもの）、costume party（特

(c) Universal / courtesy Everett Collection / NANA

定のテーマを設定して行う仮装パーティー）、ブリジットの誕生日、マークの歓送会、office party（仕事関係のイベントで職場やパーティー会場等で行うもの）、tea party（家族の間で行う伝統的なパーティー）などが盛り込まれています。この他にも、Hen Night（独身女性のみのパーティー）、Stag Night（独身男性のみのパーティー）など、様々なパーティーがあります。日本でも近年、イギリスの影響で、St. Patrick's Day（3月17日の聖パトリックの祝日）にアイリッシュ系のパブで黒ビールを楽しむ人が増えてきているそうです。

　本作品のブリジットのような若いイギリス人にとって、こういったパーティーは、理想のパートナーを見つけるための大事な出会いの場でもあるのです。

(朴)

第3章 若者たちの心

MOVIE 19 ミラクル *Miracle* 2004年（米）
監督●ギャヴィン・オコナー　出演●カート・ラッセル、パトリシア・クラークソン、ノア・エメリッヒ

最高の瞬間は、最高の機会から生まれる。その機会が、今夜だ。その機会を、今夜手にしているのだ。

Great moments are born from great opportunity. That's what you have here tonight, boys. That's what you've earned here tonight.

ハーブ（カート・ラッセル）　TIME : 01:38:15

- Great moments「偉大な瞬間」
- are born from 〜「〜から生まれる」
- great opportunity「偉大な機会」
- That's = That is
- what you have「お前たちが持っているもの」
- what you've earned「手に入れたもの」
- you've = you have

(c) Buena Vista / courtesy Everett Collection / NANA

名セリフの決め所

　1980年レークプラシッド冬季オリンピック。アイスホッケー・アメリカ代表は、オリンピック4連覇を果たし、無敵と言われていたソビエト代表に挑みます。しかし、それまでアメリカは他国の2軍チームにも勝て

84

なかったため、誰もが敗戦を予想していました。その上、当時のルールではプロの参加が認められていなかったため、全米各地より大学生を集めてチームを結成しなければなりませんでした。オリンピックに出場できるのはたった20人。選手は自らの生き残りをかけ、監督は半年という短い期間でゼロからのチーム作りに挑みます。監督の方針は、時にチームに不協和音も生み出しますが、チームには徐々に何かが芽生え始めます。それは、バラバラだったチームが一つになろうとする力だったのです。

名セリフは、ソビエト戦試合開始直前のロッカールームで、監督のハーブ・ブルックスが選手を励ます際に登場します。

HERB : Great moments are born from great opportunity. That's what you have here tonight, boys. That's what you've earned here tonight. One game. If we played them ten times, they might win nine. But not this game. Not tonight.
(最高の瞬間は、最高の機会から生まれる。その機会が、今夜だ。その機会を、今夜手にしているのだ。この試合だ。そりゃ、彼らと戦えば、10回に9回は負けるだろう。しかし、それは、この試合じゃない。今夜じゃない)

選手たちの緊張は、最高潮に達します。そして、一丸となって戦った彼らは、ソビエトに逆転勝ちし、決勝のノルウェー戦も制し、ついに念願の金メダルを手に入れます。この勝利は、ベトナム戦争とソビエトとの冷戦で暗いムードが漂っていたアメリカに、夢と自信を与えたのでした。

第3章　若者たちの心

英語ミニ講義

　この映画は実話を基に描かれ、当時の時代背景がリアルに映し出されています。この映画のエンディングでは、ハーブ・ブルックスがその当時を回顧しながら、オリンピックに「ドリーム・チーム」と呼ばれるプロチームの参加が可能となったことについて、こう言います。

> **HERB** : I always found that term ironic, because now that we have dream teams, we seldom ever get to dream.
> （この名前は、皮肉だと思う。ドリーム・チームが出場するのに、我々はほとんど夢を見なくなったからだ）

　"I found that term ironic..." では、典型的な第5文型〈SVOC〉の形が使われています。つまり、that term は、文法上は主文動詞の目的語になりますが、意味上では形容詞 ironic の主語になるため、"that term was ironic" とほぼ同じ意味になります。ここでは、この文型を用いることにより、主文主語がより直接的な経験によって found して（思って）いることを示すことができます。所属の異なる学生チームが一つになり、プライドをかけて金メダルを取ったことに対する、アメリカ国民とブルックスの誇りを読み取ることができますね。ちなみに、初めてドリーム・チームが参加した長野オリンピック（1998年）の聖火の最終点火者は、レークプラシッド・オリンピックのアイスホッケー選手たちでした。

政治とオリンピック

　世界最大のスポーツイベントであるオリンピックは、時に政治の影響を大きく受けます。この映画のレークプラシッド冬季オリンピック（1980年2月）とモスクワ夏季オリンピック（1980年7月）もその一つでした。1979年12月ソビエト軍のアフガニスタン侵攻により、冷戦状態にあったアメリカのカーター大統領は1980年1月、抗議と国際世論へのアピールのため、西側諸国にモスクワオリンピックのボイコットを呼びかけ、50ヶ国近くが大会をボイコット。日本も不参加を決定しました。このアメリカのボイコットに対する報復として、ソビエトのレークプラシッド・オリンピックへの不参加も懸念されましたが、ソビエトは、「強さを証明するために」チームを派遣し、最悪の事態は免れました。しかし、モスクワオリンピックのボイコットの影響は大きく、1984年のロサンゼルス大会には多くの東側諸国が参加しませんでした。もちろん、スポーツを通して平和を目指すオリンピックにこのような事態が起きたことについては、非難の声も少なくありませんでした。

　"This is more than a hockey game to a lot of people"「多くの人にとって、これは単なるホッケーの試合以上のものなのよ」と映画の中でハーブの妻が言いますが、オリンピックこそ、多くの人に「スポーツ以上」の感動を与えるものであってほしいですね。

（平井）

第4章 社会派ドラマ

- ヴェニスの商人
- ウォール街
- コンタクト
- 白いカラス
- フィラデルフィア
- マッド・シティ
- ミシシッピー・バーニング
- ローズマリーの赤ちゃん

第4章 社会派ドラマ

MOVIE 20 ヴェニスの商人 *The Merchant of Venice* 2004年（米・伊・ル・英）

監督●マイケル・ラドフォード　出演●アル・パチーノ、ジェレミー・アイアンズ、ジョセフ・ファインズ

俺たちだって、針を刺したら血が出るだろ？
くすぐったら笑うだろ？

**If you prick us, do we not bleed?
If you tickle us, do we not laugh?**

シャイロック（アル・パチーノ）　TIME : 00:53:37

- If ～,「もし～ならば」
- prick「針でチクッと刺す」
- bleed「出血する」
- tickle「くすぐる」
- laugh「笑う」

(c) Sony Pictures Classics / courtesy Everett Collection / NANA

名セリフの決め所

　ユダヤ人の商人シャイロックは、キリスト教徒社会のヴェニスで少数派に属します。アントーニオらキリスト教徒はシャイロックたちユダヤ教徒への軽蔑や敵意を隠さず、日常的につらく当たってきました。この

セリフは、そういったキリスト教徒に対するシャイロックの言葉。なぜキリスト教徒はユダヤ教徒をいたぶるのか。シャイロックは言います。「アントーニオが俺を蔑む理由は何だ？ 俺がユダヤ人だからさ」 もちろん合理的な理由ではありません。「ユダヤ人には目がないっていうのか？ 手も、内臓も、五臓六腑も感覚も感情も情熱もないとでもいうのか？」

SHYLOCK : **If you prick us, do we not bleed? If you tickle us, do we not laugh?** If you poison us, do we not die?
（俺たちだって、針を刺したら血が出るだろ？ くすぐったら笑うだろ？ 毒を飲ましたって死なないとでも思っているのか？）

長年痛めつけられてきたシャイロックは、アントーニオが彼との契約を破ったのを機に、合法的に復讐をとげようと決心するのでした。原作の劇には、このような、社会の非主流を生きる人物として説得力のあるセリフがたくさんあります。

経済行為が制限されていたユダヤ人の多くは、シャイロックのように金貸しをして生計を立てていましたが、これにはキリスト教社会の矛盾が反映されています。当時のキリスト教では、他のキリスト教徒に金を貸して利子をとることを悪と見なしたのですが、無利子でお金を貸してくれる人はそういません。利子を払ってでも借りたい人が向かったのは、ユダヤ教徒の金貸し業者でした。金貸しを必要としながら、金貸しを商売以外の面でも蔑むという差別がまかり通っていたのです。「相手が同じ身体感覚と心を持った人間だということを忘れるな」というシャイロックのこのセリフは、どんなに時代が変わっても、差別の不当性を訴える言葉として生き続けることでしょう。

第4章　社会派ドラマ

英語ミニ講義

　シャイロックとアントーニオの契約のきっかけを作ったバッサーニオという男が、才色兼備のポーシャに求婚する場面。ポーシャの父は、遺産と共に「夫の選び方」という遺言を残しました。銘が書かれた金、銀、鉛の箱から一つを求婚者に選ばせるのです。変な求婚者には間違ってほしいけれど、バッサーニオには絶対に正解を当ててもらいたいと思ったポーシャは、彼のために他の求婚者にはしなかったある工夫をします。すなわち、箱選びの際に従者に歌わせたのです。

> Tell me where is fancy **bred**,（惹かれる思いはどこにすむ？）
> Or in the heart, or in the **head**?（心？　それとも理性？）
> How begot, how **nourishèd**?（どう生まれて、どう育つの？）
> Reply, reply.（答えて、さあ答えて）

　各行の最後の単語に注目して下さい。bred も head も nourishèd（アクセント記号は、通常は強勢がないところを強く発音する印）も、最後が [ed] という音になります。これは、三つの選択肢 gold（金）と silver（銀）と lead（鉛）のうちの一つと同じ終わり方です。そう、正解の箱は lead [led] です。

　英語にはこのように単語の音を意図的にそろえる押韻（rhyme）という技があり、美しさが際立つので詩などでよく使われます。

　歌の選択がどこまでポーシャの策略なのかは、脚本には記されていません。それでも、静かな部屋で一生をかけた選択をしているバッサーニオにとっては、大きなヒントになったのではないでしょうか。

人肉裁判

　この物語では、アントーニオが借金を期日までに返せなければシャイロックに身体のどこからでも肉1ポンドを切り取られてもよい、という契約に両者が同意して署名します。契約したときには危険を感じたバッサーニオが止めようとしますが、当のアントーニオが「返せるから」と取り合いませんでした。また、この契約を知った他の商人仲間は、シャイロックに「肉を取ったって何の値打ちもないだろう」と本気にしていないようです。しかし、一旦結んだ契約を無効とするには、裁判所も共同体のトップである公爵も無力。変装して裁判に乗り込んだポーシャの機転がなかったら、アントーニオは死んでもやむをえなかった、という設定になっています。

　現在の日本の法律では、たとえ両者が同意して署名した文書が残されていても、このような約束自体が法的に認められていないため、「契約だから肉をよこせ」と合法的に要求されることはありません。最初の契約そのものが無効とされるのです。

　借金のかたに身体の肉を取ることは現在では極めて無茶なことだと考えられ、このエピソードは、物語の敵役であるシャイロックの非情さを示すかのように受け取られがちです。しかし、歴史をさかのぼれば、「大事な契約を守らない人へのペナルティーとして、人体のどこかを傷つけることもやむをえない」と考えられた時代もあったのです。

(齋藤)

第4章 社会派ドラマ

MOVIE 21 ウォール街 *Wall Street* 1987年(米)

監督●オリバー・ストーン　出演●マイケル・ダグラス、チャーリー・シーン、マーチン・シーン

浮き沈みはするだろうが、闘い続けるのだ。

You win a few, you lose a few, but you keep on fighting.

ゲッコー（マイケル・ダグラス）TIME : 00:32:34

- win「勝つ、勝ち取る」
- a few「少し」
- lose「負ける、失う」
- keep on fighting「闘い続ける」

写真協力(財)川喜多記念映画文化財団

名セリフの決め所

　舞台は、マンハッタンのウォール街。そこは、アメリカの巨大な富が集まる経済と金融の中心地です。バドは、熾烈な株取引の世界で働く若き証券マン。父親は、ブルースターという航空会社の整備士として働

く実直な労働者ですが、野心に燃えるバドは、そんな地道な生き方には飽き足らず、マネーゲームで大儲けすることを夢見ていました。彼の憧れは、貧乏人から億万長者に成り上がった乗っ取り屋のゲッコー。彼に取り入るため、ある日、バドはブルースターの内部情報を伝えます。ゲッコーの信頼を得たバドは、ゲッコーの代理人として株取引に精を出します。ゲッコーはバドに目をかけ、株の世界で生きるための様々な教訓を伝えます。

GEKKO : You win a few, you lose a few, but you keep on fighting.
（浮き沈みはするだろうが、闘い続けるのだ）

 たいていの人間は、儲かっているときは強気ですが、損をすると気持ちが委縮して戦意を失くしてしまいます。ゲッコーは、どんなに儲かろうと、損をしようと、クールに戦い続けろと教えます。その後、バドは、ゲッコーから他の会社についても内部情報の提供を求められ、躊躇したあげく、インサイダー取引の深みにはまっていきます。その結果、ゲッコーから莫大な報酬を得、夢に見た上流階級の生活を謳歌するのです。

 やがてバドはゲッコーに、ブルースターの買収と経営の再建を勧めます。労働組合の委員長である父親は、ゲッコーのことを「欲だけの人間だ」と信用しませんが、ともかくバドの主導で買収計画は進みます。しかしある日、バドは、ゲッコーの買収の意図が後の売却益を狙ったブルースターの切り売りにあることを知ります。バドは、病に倒れた父のもとに駆けつけます。そして自分の不明を詫び、父の会社を救うため、ゲッコーに反逆することを決意するのです。

第4章　社会派ドラマ

英語ミニ講義

　この映画でゲッコーを演じたマイケル・ダグラスは、その年のアカデミー賞主演男優賞を獲得しました。つまり、この映画の主役は、乗っ取り屋のゲッコーなのです。彼は悪玉で、結局、改心したバドの反逆に敗れてしまうのですが、その人物像はなかなか魅力的。また、表現力も豊かで、彼のセリフは、簡潔な「箴言（しんげん）」に満ちています。例えば、

GEKKO : Greed is good. Greed is right. Greed works.
　　　　（欲は善です。欲は正義です。欲は成功の鍵なのです）

　これは、乗っ取りを計るある会社の株主総会での言葉ですが、英単語8語で、株主の金銭欲を力強く肯定しています。

GEKKO : If you need a friend, get a dog.
　　　　（友達が欲しけりゃ、犬を飼え）

　株取引の世界で生きていくための教訓。人間は敵であれ、味方であれ、すべて欲得づくの関係で、純粋な友などありえないというわけです。
　この他にも、1日24時間、常に儲けのチャンスがあると教える"Money never sleeps."「金は決して眠らない」、乗っ取り屋の本質を表した"I create nothing. I own."「私は何も創造しない。所有するだけだ」、社会の支配階級を皮肉った"They love animals, but they can't stand people."「奴らは、動物は可愛がるが、人間は大嫌いなんだ」など、印象的なセリフがたくさんあります。

ウォール街

　本作品の舞台、ウォール街 は、ニューヨーク・マンハッタン島の南に位置する細い通り。ニューヨーク証券取引所・商品取引所、ニューヨーク連邦準備銀行などの金融機関のビルが建ち並ぶ、アメリカ経済の心臓部であり、世界金融の中心地です。ウォール街を英語で言うと Wall Street、直訳すると「壁の通り」ですが、この「壁」にはどんな由来があるのでしょうか。

　1613年、オランダ人によるマンハッタン入植が始まり、当時は祖国の名にちなんでニュー・ネザーランドと呼ばれました（その後ニュー・アムステルダムと改名）。1626年、オランダ西インド会社がマンハッタン島をアメリカ・インディアンから24ドル相当のガラス玉と交換で手に入れました。Manhattan という名前は、当地のアメリカ・インディアンの言葉で「丘の多い島」を意味するそうです。1653年、当時のオランダ人総督は、アメリカ・インディアンやイギリス人の攻撃から街を守るため、ハドソン川からイースト川まで丸太の壁を築きました。しかし、この壁は、防御壁として実際に役立つことはなく、1699年に取り壊され、その跡に道が作られました。これが Wall Street というわけです。

　かつては馬車道だったこの通りは、現在、車が通るには狭い上に高層ビルに挟まれ、昼なお薄暗い所。しかしこの場所が今、世界で最もエネルギッシュな、経済・金融のメッカであることは間違いありません。

（藤枝）

第4章 社会派ドラマ

MOVIE 22 　コンタクト　*Contact*　1997年（米）

監督●ロバート・ゼメキス　　出演●ジョディ・フォスター、マシュー・マコノヒー、ジョン・ハート

もしこれでほんの一部でも答が見つけられるのなら、命をかける価値があると思わない？

If this is a chance to find out even just a little part of that answer, I think it's worth a human life, don't you?

エリー（ジョディ・フォスター）　TIME : 01:21:57

- chance「チャンス、機会」
- find out「見つけ出す」
- a little part of ～「～の小さな一部分」
- worth ～「～の価値がある」
- human life「人間の命」
- ..., don't you?「～だよね」

(c) Everett Collection / NANA

名セリフの決め所

　「これだけ多くの星があるなら、全宇宙には地球のような文明を有する星があるはずだ」── そんな地球外知的生命体との接触を夢見ながら、電波天文学者エリーは毎日宇宙から届く電波を研究していました。

ある日、砂漠の電波天文台で観測中に恒星ヴェガ付近から発信された電波信号をキャッチします。それは高度な文明からのメッセージと考えられ、国際的な協力を得て解読した結果、人を宇宙空間まで運ぶ宇宙移動装置（ポッド）の設計図だとわかります。すぐにポッド建造が決まり、乗組員一人が募集されます。もちろんエリーも応募します。そんな中、彼女は、かつて愛し合った政府宗教顧問ジョスと再会します。互いの信念は違うものの、仕事への情熱を共有する二人は、再び愛し合うようになります。ところが皮肉にも、ジョスはこの乗組員を決める審査員に任命されていました。エリーがポッドの乗組員になることを心配するジョスは、「なぜ命をかけてまで行きたいのか」とエリーに尋ねます。彼の質問に毅然と答えるエリー。

ELLY : For as long as I can remember, I've been searching for some reason why we're here —— what are we doing here, who are we?
（物心ついたときから考えていたの。我々はなぜここにいるのか、一体何者なのかを）

そして、

ELLY : If this is a chance to find out even just a little part of that answer, I think it's worth a human life, don't you?
（もしもその答の一部でも見つけられるなら、命をかける価値があると思わない？）

科学者エリーの真剣な思いを聞き、あらためて彼女を愛している自分に気付くジョス。エリーもまた彼の深い愛を感じ、二人は複雑な思いの中で固く抱き合うのでした。

第4章　社会派ドラマ

英語ミニ講義

　映画の冒頭部分、幼いエリーが無線でいろいろな場所と交信し、最長距離を更新した日、彼女はその嬉しさと興奮からなかなか寝付かれず、ベッドで着替えながら父親にいろいろ質問します。

> **ELLY**：**Can** I hear all the way to New York?
> （ニューヨークの声は聞こえる？）

ところが次の質問では can ではなく could が使われます。

> **ELLY**：**Could** we talk to Moon? **Could** we talk to Jupiter?
> （月とは話せるの？ 木星とはどう？）

　なぜ、ニューヨークでは can で質問しているのに、月や木星のときには過去形 could を使ったのでしょうか？

　エリーは、同じアメリカのニューヨークとは無線で話せる可能性はあるかもしれないが、月や木星のような地球以外の星と交信できる可能性は小さいと思っています。つまり、エリーは幼いながらも、月や木星のような遠い所とは交信できないのではないかと考え、現実感を弱めるために、現在形に心理的距離を置く過去形を使っているのです。ちなみに、この用法 ("distancing"「隔て」と呼ばれることがあります。61ページ参照) は、学校文法でおなじみの「仮定法」にも通じるものです。ネイティブスピーカーは、子どもでも、現実感の強弱に応じてこんな時制の使い分けができるんですね。

科学と宗教

　この映画は、大学で宇宙の研究を進めていたカール・セーガンによって書かれたSF小説を映画化したものです。そして全体を貫くテーマは、科学と宗教です。

　主人公エリーは経験科学に携わる学者として、証明できないものは信じることはできない、つまり神の存在を信じない立場をとります。一方、恋人のジョスは「科学の発達が人類を幸福に導いたか？」という観点から、経験科学では扱えない未知の領域を、宗教、つまり神の世界を通して考えようとします。しかし、非常に興味深いことに、エリーが宇宙移動装置に乗って激しい揺れを感じながらワームホール（時空間を通る連絡路）を移動するときに、二回 "Oh God!" と叫びます。"Oh God!" は、予期しないような驚きを感じた話し手が、人智を超えた超人的力、つまり万物の創造者である「神様」の名を呼んでその感情を表そうとする間投詞です。すなわち、証明できるものしか信じないエリーが実際に体験しながらも証明できない事実と遭遇するという、極めて皮肉な状況でこの言葉を使うのです。

　科学と宗教は果たして相容れるものなのでしょうか？　その答は、ラストシーンにあるのかもしれません。「エリーの言うことを信じるか？」と聞かれたジョスは、こう答えます。「彼女を信じる。科学も宗教も最終的には "真理の探求" という共通の目的を持っているのだから」

（西川）

第4章 社会派ドラマ

MOVIE 23 白いカラス *The Human Stain* 2003年（米）

監督●ロバート・ベントン　出演●アンソニー・ホプキンス、ニコール・キッドマン、ゲイリー・シニーズ

変ね。私はお前が黒人だとか白人だとか考えたことはないわ。金色。お前は金のように輝く私の最高の子よ。

Funny, I never thought of you as black or white. Gold. You were my golden child.

ミセス・シルク（アンナ・ディーバー・スミス）　TIME : 01:30:34

- funny「おかしい、奇妙な、変な」
- never thought of you as 〜「お前を〜だと考えたことはない」
- gold「金色」
- golden child「金色に輝く子ども」

(c) Miramax / courtesy Everett Collection / NANA

名セリフの決め所

　アメリカ初のユダヤ人の古典文学教授、コールマン・シルクは、人種差別発言をしたとして、退職に追い込まれてしまいます。しかし、この差別発言は完全な誤解でした。実は、彼自身、薄い肌の色に生まれた

黒人で、人種の問題に悩まされたため、ユダヤ人と偽って生きていたのでした。事実、ユダヤ系には髪や目の色が黒い人たちや、肌も北欧系のように白くない人たちがたくさんいるのです。

コールマンは若い頃、結婚を決めた白人女性の恋人を母親に紹介しました。ところが、彼をユダヤ人だと思い込んでいた彼女は、肌の色の違う母親を見て、彼が黒人だったことを知り、彼と別れてしまいます。

コールマンが次に結婚を決めたとき、彼は自分の人種を偽るために、家族全員が死亡したということにします。その決意を母に告げるとき、彼はこう言い訳をします。

COLEMAN：I don't want to be Coleman Silk, the Negro Classics professor. And that's how it would always come out, Mom. You know it, and I know it.
(黒人古典文学教授のコールマン・シルクにはなりたくない。正体を明かせば、常にそう呼ばれることになるんだよ、母さん。火を見るより明らかだ)

黒人のレッテルを貼られたくはないと言うコールマンに母はこのように答えます。

MRS. Silk：Funny, I never thought of you as black or white. Gold. You were my golden child.
(変ね。私はお前が黒人だとか白人だとか考えたことはないわ。金色。お前は金のように輝く私の最高の子よ)

しかしコールマンの決意は固く、その後の彼の人生は、偽りとともに生きるものになるのです。

第4章　社会派ドラマ

英語ミニ講義

　職を失い、娘ほどの年齢の掃除婦フォーニアと付き合うようになったコールマンは、ある日、彼女を友達に紹介するために、高級レストランに連れて行きます。しかし、彼女は自分に似合わない場所に連れてこられ、自分を見世物にされたと腹を立て、店から出て行きます。そして、追いかけてきたコールマンにこう言います。

> **FAUNIA** : Well, you've really come down in the world, haven't you?
> （あなた本当に落ちぶれたものね）

　大学教授で学部長まで務めたコールマンが、今では高級レストランに連れても行けない自分のような女性と付き合うほど落ちぶれた、と言っているのです。この文は「付加疑問文」と呼ばれるもので、主文の動詞や助動詞と同じ時制で、主文が肯定の場合は否定形、否定の場合は肯定形の付加疑問（この場合 "haven't you?"）が付いています。例えば、主文が It's hot なら付加疑問は isn't it?、主文が It's not hot なら付加疑問は is it? になります。

　付加疑問文のイントネーションには上がるタイプと下がるタイプがあります。イントネーションを下げると、主文の内容に対して相手に念を押す「そうでしょう」という意味になり、イントネーションを上げると、「そう思いませんか？」という質問になります。上のフォーニアのセリフは下がるタイプですので、相手に対して「落ちぶれたものね」と念を押す意味で使われています。

The Human Stain

🎬 人種に関する言葉

　人種差別はアメリカを始め、世界各国の大きな問題です。しかし、かつてと違って、公的な人種差別は減少し、公の場での差別的発言にはかなりの非難が浴びせられます。

　映画で、大学教授のコールマンは人種差別発言をしたと糾弾されます。授業に一度も出席していない学生のことで、"Can any one tell me, do these people exist? Or are they spooks?"「この学生たちは本当に存在しているのか誰か知っているか？ それとも、彼らは "spooks" か？」と言ったことが、彼を退職に追い込みます。問題の spook は、口語で「幽霊」という意味で使いますが、軽蔑的に黒人を指す語にもなります。spooks と言われた学生たちに、自分たちは African-American（アフリカ系アメリカ人）だからこれは差別発言だ、と言われてしまいます。この African-American は、出身地を示唆しながらアメリカの黒人を表す用語で、皮膚の色を示唆する black よりも表現として好まれる場合があります。

　日本人は概して、この手の問題には鈍感なようですが、人種や宗教が関わる場面では特に、自分が話す言葉についても充分に注意することが必要ですね。

（松井）

(c) Miramax / courtesy Everett Collection / NANA

第4章　社会派ドラマ

MOVIE 24　フィラデルフィア　*Philadelphia*　1993年（米）

監督●ジョナサン・デミ　　出演●トム・ハンクス、デンゼル・ワシントン、ジェイソン・ロバーズ

まぎれもない事実として…アンドゥルー・ベケットをエイズだという理由で首にしたとき…彼らは法律を破ったのです。

The fact of the matter is... when they fired Andrew Beckett because he had AIDS... they broke the law.

ミラー（デンゼル・ワシントン）　TIME : 00:48:11

- fact「事実」
- matter「問題」
- fired「首にした」
- AIDS = acquired immunodeficiency syndrome「エイズ（後天性免疫不全症候群）」
- broke the law「法を犯した」

写真協力（財）川喜多記念映画文化財団

名セリフの決め所

　フィラデルフィア一番の法律事務所に勤めるベケットは、腕利きの弁護士ですが、彼には職場に秘密にしていたことがありました。それは、彼が同性愛者であり、しかもエイズにかかっているということでした。それを知

った上司たちは、ベケットに重要書類を紛失したという濡れ衣を着せて、彼を解雇してしまいます。ベケットは裁判で不当解雇を訴える決意をしますが、どの弁護士にも弁護を断られ、最後にかつて訴訟で戦ったミラーのところにやってきます。ミラーは、同性愛を嫌悪しており、弁護の依頼を即座に断ります。しかし後に差別を受けるベケットの姿を目の当たりにした彼は、弁護を引き受けます。その後、物語は、遵法精神と正義に目覚めていくミラー、死を目前にしながらも戦うベケット、同性愛に偏見を持つ人々を巻き込んだ、法廷劇へと変わっていきます。

　ミラーによる冒頭陳述で、裁判は始まります。「陪審員の皆さん。これまでテレビや映画で見たことは忘れて下さい」　淡々と、しかし力強く演説は続きます。「ここには、最後にどんでん返しをする証人も、泣き崩れて告白する人も出てきません。皆さんには単純な事実が提示されるだけです。それは、ベケット氏が解雇されたということです」　そして演説の最後を、彼はこう締めくくります。「結局エイズは死に至る不治の病です。しかし、…」

MILLER : But no matter how you come to judge Charles Wheeler and his partners, in ethical, moral and human terms, **the fact of the matter is...when they fired Andrew Beckett because he had AIDS... they broke the law.**
（しかし、倫理的に、道徳的に、人間として、彼らをどう判断しようとも、まぎれもない事実として、アンドゥルー・ベケットをエイズだという理由で首にしたとき、彼らは法律を破ったのです）

　人間の尊厳、エイズと偏見、さらにはアメリカ社会と差別の問題を映し出しながら、裁判は進んでいきます。

英語ミニ講義

　『フィラデルフィア』は法廷劇の傑作ですが、この映画の裁判シーンからも、英語力アップのヒントが得られます。英語圏の国では、パブリック・スピーキング、つまり聴衆の前で論理的な話をする訓練が重視されています。まず子どもたちはスピーチの練習をし、デリバリー（アイコンタクトやジェスチャーなどの使い方）、レトリック（修飾的な表現法）などを学びます。次に、議論で相手を負かすディベートを学びます。この映画の裁判シーンで行われるのもまさにディベートです。冒頭にあげたミラー弁護士の演説は、まさに効果的なスピーチの見本です。彼が見せるデリバリー、特に間の取り方は絶妙です。英語学習のため、ぜひDVDの字幕を英語にして、このスピーチでシャドーイングの練習をしてみて下さい。

　彼のセリフには、レトリックの面でも手本にすべき表現がたくさんあります。例えば彼がよく使う、"Explain this to me like I'm a four-year-old."「私を4歳児だと思って、わかりやすく説明して下さい」はパンチがありますね。またレトリックの典型である比喩表現も多く見られます。ベケットの評価を急に下げた証人に対して彼は、"Your Honor, five months ago this witness characterized Andrew Beckett as caviar. Now he's a bologna sandwich."「裁判長、5ヶ月前にベケット氏をキャビアに例えた証人が、今は彼をソーセージサンドイッチと呼んでいるのです」と切り返します。発音、語彙、文法だけでは「英語を話す」ことはできません。ぜひパブリック・スピーキングも練習してみて下さい。

🎬 ゲイに対する偏見

　ゲイの問題に関して、私には約30年前大学生だった頃の強烈な体験があります。あるアメリカ人の友人と話をしていたとき、今よりも未熟だった私はゲイをからかうジョークを言ったのです。すると彼は烈火のように怒り、「僕はゲイじゃない。でも自分と違うからといって差別するのは最低だ」と私を叱りました。私は彼の叱責に今も感謝しています。というのは、偏見は一つの問題でおさまらないからです。おかげでそれ以来、あらゆる差別問題に対して自分の意識を点検する癖がつきました。

　『フィラデルフィア』では、ゲイの息子に母が、"I didn't raise my kids to sit in the back of the bus. You get in there and you fight for your rights, okay?"「私は差別に負けるように子どもたちを育てたつもりはないわ。あなたは頑張って法廷で戦ってらっしゃい」と励まします。ここで使われた sit in the back of the bus という表現は、明らかに公民権運動のきっかけとなったローザ・パークスさん（2005年逝去）に由来するものです。1950年代の南部で、まだ黒人はバスの後ろに座り、白人乗客で混むと席まで譲らなければいけなかった時代に、彼女は敢然と差別に抵抗したのです。公民権運動から生まれた表現が、今では広く一般で使われていることを考えると、この運動の広がりと深まりを感じます。

　ただし偏見との闘いに終わりはありません。日本でもアメリカでも、最近は違いを認めない傾向が強まっている気がします。絶えず自分の差別意識を点検していくためにも、『フィラデルフィア』のような名作がまた現れることを願ってやみません。

（中井）

第4章 社会派ドラマ

マッド・シティ　*Mad City*　1997年（米）
監督●コスタ・ガブラス　　出演●ダスティン・ホフマン、ジョン・トラボルタ、ロバート・プロスキー

君は判事じゃないし、我々は陪審員でもない。

You're not a judge. We're not a jury.

ルー（ロバート・プロスキー）TIME：00:03:15

- you're = you are
- judge「判事」
- we're = we are
- jury「陪審員」

(c) Everett Collection / NANA

名セリフの決め所

　かつてTVキー局で活躍し今は地方局で取材記者を務めるマックス・ブラケットは特ダネを獲ってキー局復帰を狙っています。やや強引な手法で町の公金横領疑惑を追う彼の取材テープを見ながら、彼の上司ルー

がこの名セリフを口にします。ルーとマックスは取材テープを見てこんな会話を交わすのです。

LOU : We're not using that. 　（これは使えんな）
MAX : It's an exclusive. 　（特ダネだぞ）
LOU : It's conjecture. 　（いや、憶測だ）

そして、さらに取材を続けさせて欲しいというマックスに対してルーの名セリフが続きます。

LOU : You're not a judge. We're not a jury.
（君は判事じゃないし、我々は陪審員でもない）

実は、映画開始早々に登場するこのセリフが、この映画に描かれた物語を考える鍵になっています。マックスは、見習いアシスタントディレクターを連れて博物館の警備員解雇を取材しますが、そこで解雇された警備員サムの立てこもり事件に遭遇します。サムは銃とダイナマイトで武装していますが、願いは復職すること、ただそれだけです。

マックスはこれを千載一遇の好機と捉え、サムを説得して独占インタビューを行ないます。全米のマスコミが注目し、サムは"時の人"になりますが、やがてFBIの投降勧告が出され、サムは持っていたダイナマイトで自爆します。それを知ったマックスは、ごった返す現場のマスコミに向かってこう叫びます。

MAX : You don't understand! We killed him!
（わからないのか、我々が彼を殺したんだ）

これほどの強烈なメッセージで終わるハリウッド作品も、めずらしいのではないでしょうか。

英語ミニ講義

　野心的な記者マックスと常識的な上司ルーとの会話ではこんな表現も出てきます。大都会での刺激的な生活が忘れられないマックスに向かってルーはこう言います。

> **LOU** : You better **come to terms with** that.
> （もう、折り合いをつけたほうがいいんじゃないか）

come to terms with〜 は、「折り合いをつける、受け入れる、認める」といった意味ですが、以下の例文の形で使われることもあります。

> We have to **come to terms with** the fact that oil is going to run out.
> （我々は石油が尽きるという事実を受け入れなくてはならない）

またルーはマックスにこんなことも言います。

> **LOU** : What are friends for?
> （友達じゃないか）

この文は「友達は何のためにあるのか」という疑問文の形をとりますが、相手からの答を求めているわけではありません。「友達は何のためにあるのか → 友達じゃないか → 気にするなよ」という意味です。

　これとよく似た表現に Why don't you 〜? があります。これも形は疑問文ですが、"Why don't you start?"「さぁ、始めて下さい」などと使います。「なぜ始めないのですか？」と質問されているわけではないので、こうした表現には注意が必要です。

マスコミ

　メディアモーフォシス（mediamorphosis＝メディアによる事実の歪曲）という単語さえ存在するように、メディアの公平性・中立性は古くて新しい問題です。この作品は1997年に製作され、発表当時こそ話題になったものの時とともに隠れた名作の一本に数えられるようになってしまったのは、とりもなおさず、メディア自身がこの作品を積極的に取り上げなかったことの証拠でもあります。本作に登場する見習いアシスタントディレクターは、サムに撃たれた警備員のクリフをカメラを置いて助けたために決定的瞬間を撮り損ねた、とマックスから叱責されます。その彼女が様々な経験を積んだ後、怪我をしたマックスにマイクを向けます。額の血を拭おうとするマックスに "Don't wipe it. It looks good."「拭かないで、いい画だわ」と平然と言い放つシーンは、衝撃的な映像を捜し求めるメディアの本性を、見事に描き出していると言えるでしょう。警備員サムは「俺みたいな奴の話しなんか誰も聞かない」と言い、マックスはそんな彼に「世論を味方につけろ」とそそのかします。しかし、そのマックスは「世論なんて当てにならない（fickle）」と言い、テレビに翻弄されたサムは死の直前に至ってもなお、「テレビはいいのになぁ」と独り言を口にします。

　メディア先進国のアメリカが描き出した現代社会の狂気。本作品は、ハリウッドの一片の良心と言えるかもしれません。

（佐藤）

第4章 社会派ドラマ

MOVIE 26 ミシシッピー・バーニング *Mississippi Burning* 1988年（米）
監督●アラン・パーカー　出演●ジーン・ハックマン、ウィレム・デフォー、R・リー・アーメイ

今までもずっとそうだったし、これからもそのままだろう。

That's the way it always has been. That's the way it always will be.

ティルマン市長（R・リー・アーメイ）TIME : 00:28:17

- that's = that is
- the way「やり方、あり方」
- it always has been「(今まで)常にそうであった」
- it always will be「(これからも)そうであろう」

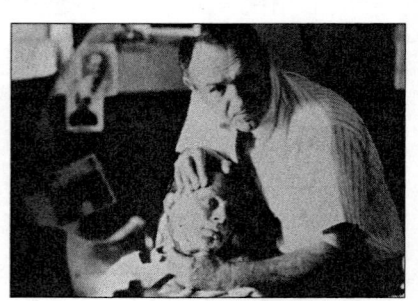

写真協力(財)川喜多記念映画文化財団

名セリフの決め所

　1964年。ミシシッピ州の小さな町で、公民権運動家（人種差別反対運動をする人たち）の失踪事件が起きます。徹底的な人種差別が公然とはびこる南部の町に、二人のFBI捜査官が乗り込みます。大学出のエリ

ート、ウォード捜査官と、たたき上げのアンダーソン捜査官。二人は捜査手法の違いから衝突しながらも、事件の核心へと迫っていきます。

時は1960年代。人種差別に抗議して権利保護を求める公民権運動の時代です。にもかかわらず、南部の町では旧態依然とした人種差別が横行していました。市長はこう言います。

TILMAN : We got two cultures down here. White culture and a colored culture.
（ここには二つの文化がある。白人の文化と有色人種の文化だ）

そしてこのセリフが続きます。

TILMAN : **That's the way it always has been. That's the way it always will be.**
（今までもずっとそうだったし、これからもそのままだろう）

変化を嫌う保守的な南部の町の市長ならではの発言ですが、彼はまた、公民権運動が起こるまでは「ここの黒人はみんな幸せだった」と言い、その理由を以下のように説明します。

TILMAN : Before that, there wasn't anybody complainin'.
（それまでは、誰からも不平は出なかったんだ）

これに対して、アンダーソン捜査官はこう反論します。

ANDERSON : Nobody dared. （だろうね）

この dare には「あえて（勇気を持って、恐れずに）〜する」という意味があります。不平を言えば殺されるから不平は出ないのだ」という、アンダーソン捜査官の強烈な皮肉が込められています。

英語ミニ講義

　FBIによる捜査は、単なる失踪事件の捜査から殺人事件の捜査へと核心に迫っていきますが、保守的な住民の反発は強く、二人の捜査官はなかなか確実な証拠を押さえることができません。事実を知るペル夫人は、実行犯の一人である夫のペル保安官補をかばい続けますが、とうとう良心の呵責に耐えかねて、苦しい胸のうちをアンダーソン捜査官に語ります。以下はそのセリフの一部です。

MRS.PELL ： Hatred isn't something you are born with. It **gets taught**.
（憎しみは生まれつきのものじゃなくて、教え込まれたものなの）

　さて、"It gets taught." と "It is taught." の違いがわかりますか？ 受身の〈be動詞＋過去分詞〉が状態と動作のどちらも表すのに対して、〈get＋過去分詞〉は動作に重きが置かれます。ここでは「それは教えられた」と訳すより「それは教え込まれた」と訳す方が原語に近いニュアンスが出せると思います。

　また、受身形以外でも「彼、怒ってる」は "He is angry." ですが「彼、怒っちゃった」は "He gets angry." です。母国語であればごく自然に使い分けている状態動詞と動作動詞ですが、英語でも同様に使い分けができると、表現力がより豊かになると思いますよ。

差別

　黒人などに対する人種差別は、超大国アメリカが悶え苦しんできた問題の一つです。またそれは、時代の変化とともにその様相を異にしてきました。南北戦争が終結する1865年までは、奴隷制廃止が問題の中心であったものの、奴隷制廃止以降も事実上の差別は消えていないとして、1960年代に公民権運動が活発化することになります。そんな時代にアファーマティブ・アクション (affirmative action = 積極的差別是正優遇措置) がとられます。これは1965年、大統領行政命令として出されたもので、これは差別的待遇や格差の是正に一定の効果があったとされます。ところが1970年代に入ると、今度は白人男性から「逆差別だ」という声が上がりました。差別を受けてきた少数派を優先させることが今度は結果的に多数派への差別につながるという、差別と平等の問題の根深さと難しさを感じさせます。

　ちなみに、この映画に描かれているミシシッピ州は南部州ですが、いわゆるディープ・サウス (深南部) とは、ジョージア、アラバマ、ミシシッピ、ルイジアナ、南カロライナの諸州 (時に北カロライナ州も含む) を指します。

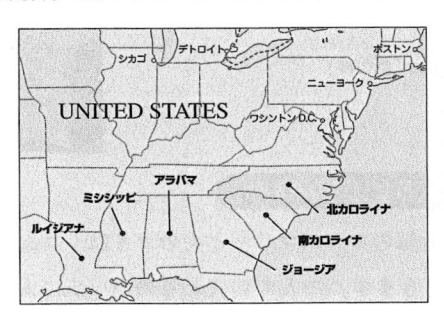

（佐藤）

第4章　社会派ドラマ

MOVIE 27　ローズマリーの赤ちゃん　*Rosemary's Baby*　1968年（米）

監督●ロマン・ポランスキー　　出演●ミア・ファロー、ジョン・カサヴェテス、モーリス・エバンス

彼らはガイが舞台の役をもらえるように、あの役者に呪文をかけて失明させたのよ。

They cast a spell on him and made him blind so Guy could get his part.

ローズマリー（ミア・ファロー）TIME : 01:47:40

- cast a spell on him「彼に呪文をかけた」
- made him blind「彼を盲目にした」
- so Guy could get ～「ガイが～を得られるように」
- part「劇の役」

写真協力（財）川喜多記念映画文化財団

名セリフの決め所

　新婚のローズマリーと夫のガイは、ニューヨークの古いアパートに越してきます。知人で親代わりのハッチによると、そのアパートには昔から奇怪な噂がつきまとい、赤ん坊をむさぼる姉妹や悪魔を呼び寄せる霊

媒師などが住んでいたといいます。同じフロアには、ローマンとミニー老夫婦が住んでおり、彼らは徐々に若い夫婦に近づいていきます。売れない俳優のガイは、老夫妻と交際するようになってから、ライバルの俳優が急に失明し、役者として売れ始めます。そしてローズマリーにも奇妙なことが起こります。悪魔にレイプされる夢を見たのち、赤ちゃんを身籠るのです。ミニーは頻繁に世話を焼くようになり、ガイはローズマリーを避け始めます。ローマン夫妻の素性を察知したハッチは、ローズマリーに危険を知らせようとしますが、呪文によって昏睡状態にされ、その後亡くなります。ローズマリーは、ハッチの残した本から、ローマンが悪魔を呼ぶ霊媒師の息子であり、カルト集団が彼女の赤ちゃんを狙っていることを知ります。出産が近づき徐々にやつれていくローズマリー。ローマン夫妻が紹介した産科医のサパスティンすら彼らの仲間だと知ったローズマリーは、家を出て、別の産科医ヒルに助けを求めます。

ROSEMARY : They cast a spell on him and made him blind so Guy could get his part.
（彼らはガイが舞台の役をもらえるように、あの役者に呪文をかけて失明させたのよ）

ヒルは理解を示し、彼女を別室にかくまいますが、実際はガイとサパスティン医師を呼んだのでした。迎えに来たサパスティンは低い声で、「黙って来るんだ。これ以上魔女だとか言ったら、精神病院に連れて行くぞ」。そして彼女は出産しますが、赤ちゃんは連れ去られ、死んだと告げられます。夜、彼らが集会をする部屋に忍び込んだローズマリーは、彼女の赤ちゃんを見つけるのですが…。

第 4 章　社会派ドラマ

英語ミニ講義

　この映画は、アパートの管理人ニクラス氏が二人を案内するシーンから始まりますが、ここからすでに悪夢の前兆が示されます。二人が案内された部屋の前の住人だった老婦人は、"I can no longer **associate** myself..."「もうこれ以上…関わりたくない」とのメモ書きを残し、三日前に亡くなったばかりです。おそらく myself の後には、with them が続くはずだったのでしょう。つまり、「彼らとは、もうこれ以上…」と書きたかったのです。

　このメモ書きにある動詞 associate には、「結びつける」という意味があり、使われる状況によって「付き合う」「仲間に加える」「連想する」などに意味が広がります。だから名詞形の association は、「協会」「連想」「付き合い」などの意味を持ちます。

ROSEMARY : Did she die in the apartment?
（ここで死んだの）
MR. NICKLAS : Oh, no, no, no. In a hospital. She**'d been** in a coma for weeks.
（いえいえ、病院ですよ。何週間もずっと昏睡状態だったのですよ）

　管理人のセリフの〈had＋過去分詞〉を「過去完了」と呼びますが、これは、過去のある時点を基点として、それよりも古い出来事を表す言い方です。この場合は、「（彼女は三日前に死んだが、それ以前の）何週間もずっと昏睡状態だった」という継続の意味を表します。

🎬 モダン・ホラー

　1968年のこの映画の大ヒットを受け、映画界はオカルト・ブームになり、『エクソシスト』『オーメン』などのヒット作が続きます。それほどこの映画のインパクトは強かったのです。ロマン・ポランスキー監督の抑制の効いた演出、ローズマリー役、ミア・ファローの繊細で折れそうな美しさ、現実か妄想かを疑わせる巧みなスクリプトなど、今でも色あせない名作です。さて、これらモダン・ホラーには共通する要素があります。それは、すべての映画に悪魔（サタン）が登場することです。キリスト教では神の対立概念として悪魔が存在し、神が人々を救済しようとするのに対して、悪魔は人々を堕落させ魂を滅ぼそうとします。それだけに、キリスト教を信じる人々には、これらの映画はいっそう怖かったのでしょうね。

　この映画にまつわる「因縁」も不気味です。映画公開の翌年、ポランスキー監督の妻はマンソンという男が率いるカルト集団に惨殺されます。首謀者マンソンは、ビートルズのアルバムでポールが歌うハードな曲に刺激を受けたと告白します。同じアルバムにあるジョンの曲『ディア・プルーデンス』は、インド哲学の旅で一緒だったミア・ファローの妹のことを歌ったものですし、この映画の舞台になったマンションは、後にジョンとヨーコの一家が暮らし、入り口でジョンが射殺された、あのニューヨークのダコタ・ハウスだったのです。どうです？　不思議な因縁を感じませんか。もっとも、私は「呪い」は信じませんけどね。

（中井）

第5章　心に響く人生

- *アンナと王様*
- *ウォーク・ザ・ライン*
  君につづく道
- *サイダーハウス・ルール*
- *SAYURI*
- *セント・オブ・ウーマン*
  夢の香り
- *ターミナル*
- *日の名残り*
- *ラスト サムライ*

第5章　心に響く人生

MOVIE 28　アンナと王様　*Anna and the King*　1999年（米）

監督●アンディ・テナント　　出演●ジョディ・フォスター、チョウ・ユンファ、バイ・リン

環境を変えると、不可能なことも可能になるのです。

One way to achieve the impossible is to change the climate.

アンナ（ジョディ・フォスター）　TIME : 00:53:51

- One way to achieve ～「～を達成するための一つの方法」
- change「変える」
- the impossible「不可能なこと」
- climate「気候、環境」

(c) 20th Century Fox Film Corp. All rights reserved. Courtesy: Everett Collection / NANA

名セリフの決め所

19世紀。主人公のアンナは、シャム国の王、モンクットの依頼でイギリスからバンコクにやってきます。彼女は王子たちの教育係として招かれたのです。科学的根拠に基づく観察力と思考力を重要視するアンナ

は、ある日の授業で、まずゆで卵がビンに入らないことを確認し、次のように言います。「人は事実に基づいて判断を下します。もし、その事実が間違っていたら？ 何を信じる？ 自分の目？ それとも不可能を信じる？」 そして、燃やした紙くずを入れてから同じようにゆで卵をビンの口に置くと、ビン内部の気圧の低下によりゆで卵はビンの中に吸い込まれるようにして入ってしまいます。そこで、名セリフ。

　ANNA ： You see, **one way to achieve the impossible is to change the climate.**
　　　（ほらね、環境を変えると、不可能なことも可能になるのです）

　こうしてアンナは、目に見える「事実」を真理であると信じ込んでそれ以上考えたり努力したりするのを諦めてしまうことの危険性を、子どもたちに教えるのです。

　そこに王が現れ、英国の貴族や外交官を招待して夜会を開くことを告げると同時に、その夜会の準備を西洋文化に精通しているアンナに一任します。三週間で夜会の準備をすることは不可能だと言うアンナに王はこう切り返します。

　KING ： The egg is in the bottle.
　　　（この卵はビンに入ったぞ）

　さすがのアンナも王のこの一言には返す言葉がありません。そして、大変な準備作業の末に夜会は大成功に終わります。不可能を可能にすることを教えるだけでなく、それを自ら実践したという意味でも、アンナは立派な教師だったのですね。

第5章　心に響く人生

英語ミニ講義

　保守的なシャムの国の実態にカルチャーショックを感じながらも、国王の立派な生き方に次第に惹かれていくアンナ。国王も、アンナの高い知性と類まれな美貌、また物怖じしない堂々とした姿勢にいつしか心惹かれていきます。しかし当時、教師と王が互いに直接愛を告白することはできませんでした。したがって、二人は間接表現で互いの思いを伝え合います。

　夕闇のバルコニー、二人が結ばれる可能性を王に問うアンナ。

> **ANNA** : If science can unravel something as beautiful as music, why it cannot posit a solution for a school teacher and a king.
> （科学に美しい音楽が作れるのなら、教師と国王にも何か解決策があるはずですわ）

　王自身もアンナと結ばれることを望みながら、今の時点では不可能であることをアンナに告げます。そして、英国へ戻ることを決意したアンナに王は最後のダンスを申し入れ、二人は、別れを惜しみながらいつまでも踊り続けます。

> **KING** : Until now, Madam Leonowens, I did not understand supposition man could be satisfied with only one woman.
> （レオノーウェンズ夫人、男が一人の女で満足できるということを初めて知りました）

　これこそ、間接表現による究極の愛の告白ではないでしょうか？

独立を守り通したタイ

　19世紀半ば、帝国主義の嵐が吹き荒れる中で、東南アジア諸国は次々とイギリス・フランスを中心とする列強の植民地になっていきます。しかし、タイは見事に独立を守ることに成功しました。その理由がこの映画『アンナと王様』から窺えるかもしれません。

　タイの現王朝であるチャクリ王朝(ラッタナコウーシン朝)は、ラヤー・チャクリ将軍がタクシン王を処刑、バンコクに都を定めて自らラーマ1世として即位(1782年)したのが始まりです。この映画の主人公モンクット王は後のラーマ4世(在位1851～1868年)であり、その王に招かれたアンナが教育したのがチュラロンコーン王子、後のラーマ5世(在位1868～1910年)なのです。ラーマ5世は、財政制度、軍制、教育制度、郵便制度、電信電話制度など一連の改革(チャクリー改革)を図り、タイの近代化(西欧化)に努めました。それらの改革の中には、映画の中で描かれる奴隷制度の廃止も含まれています。つまり、こうした彼らの改革が、帝国主義列強による植民地化の危機に対し、独立を守る原動力となったのです。1896年、イギリスとフランスは協定により、タイを緩衝地帯とし、出兵しないこと、タイの独立を保持することを約束しました。タイは、王室の外交努力と、列強間の駆け引きによって植民地化を免れたわけですが、その裏にはラーマ4世の高い理想とアンナの教えがあったのかもしれません。

(西川)

第5章　心に響く人生

29 ウォーク・ザ・ライン 君につづく道　*Walk the Line*　2005年（米）
監督●ジェームズ・マンゴールド　　出演●ホアキン・フェニックス、リーズ・ウィザースプーン、ロバート・パトリック

わかるだろ？ 俺は相当な目に遭ったと思ってた…ついさっきまではね。

I felt tough, you know?...Well, that was till a moment ago.

ジョニー（ホアキン・フェニックス）　TIME : 01:57:57

- I felt tough「厳しいと感じた」
- you know?「わかる？」
- Well「えーと、あのー」
- till a moment ago「ついさっきまで」

(c) 20th Century Fox Film Corp. All rights reserved / Everett Collection / NANA

名セリフの決め所

　映画は、カントリー歌手のジョニー・キャッシュが、囚人たちを聴衆にフォルサム刑務所で演奏する場面から始まります。ライブを録音して、レコードにするためです。刑務所の控え室で水の入ったコップを手

にしたジョニーは、所長に向かって尋ねます。「あんたはこの水を飲んだことがあるのかい？」「まさか、私が飲むのは、もっぱらコーラだね」

このライブは、ジョニー自身がドラッグと手を切って、歌手としての再生を目指したものでした。ジョニーは歌手として実力も人気もある一方で、家族関係に悩み、ドラッグに手を染め、自身の健康を損なった上に、最初の結婚が失敗に終わっていたのです。後に妻となる歌手ジューンに支えられて立ち直った彼は、レコード会社の幹部の反対を押し切って、刑務所でのライブを敢行します。

足を鳴らし、口笛を吹いて沸き立つ囚人たちの前に、ジョニーは、刑務所の黄色い水が入ったコップとギターを手に登場します。バックバンドの音が鳴る中、ジョニーが語ります。ここにいる皆ほどではないが、俺の人生も結構大変だった…。

JOHNNY : I felt tough, you know?...Well, that was till a moment ago.
（わかるだろ？ 俺は相当な目に遭ったと思ってた…ついさっきまではね）

そして、コップを高くかかげて言うのです。

JOHNNY : I ain't never had to drink this yellow water you got here at Folsom.
（このフォルサム刑務所の黄色い水を飲むことに比べたら、そんなもの大したことはない）

喜んだ囚人たちが大きな歓声と拍手で応えると、ジョニーはコップを床に叩きつけて割り、最初の曲を歌い始めるのでした。しかも、その歌は、薬物に手を染めて殺人を犯し、刑務所に入れられたが、保釈金を積んでくれる友人もいないという男の物語でした。

第5章　心に響く人生

英語ミニ講義

　動詞の時制、相は、いつ出来事が起こったかを反映するのみならず、他の出来事との時間的な関係を表します。以下は、主人公を説得しようするレコード会社幹部のセリフです。

> While Johnny **was** out **recuperating**, the world **changed**. Dylan's gone electric. The Byrds are electric, the Beatles are electric. Everybody's electric.
> （ジョニーが身体を直している間に音楽界は変わった。ボブ・ディランはアコースティックからエレキ・ギターに変えてしまった。売れているバーズもビートルズもエレキを使っている。今は、みんなエレキを使う）

　ジョニーが休養した時間を while と過去進行形で示し、その期間に音楽の世界に起こった決定的な変化を単純過去形で表しています。ここで、while を使って時を表す表現をもう少し学びましょう。

　ほぼ同時に起きて同時に終わった出来事なら、こんな表現になります。

> While Johnny **was singing** at Folsom Prison, Frank **was waiting** for him.
> （ジョニーがフォルサム監獄で歌っている間、フランクは待っていた）

　一方の出来事が続く間に他方が起きて終わった場合は、続いていた方を進行形にします。

> While Johnny **was singing** on stage, June **changed** her costume.
> （ジョニーがステージで歌っている間に、ジューンは衣装替えを済ませた）

キャッシュと監獄ライブ

　映画のモデルのジョニー・キャッシュは、フォルサム監獄でのライブ以前から各地の監獄で慰問コンサートを行っていました。有名な歌手が軍隊の前線や監獄に慰問に行くことは珍しくありませんが、連続殺人犯たちを収容する場所として知られていたフォルサム刑務所で、復帰をかけたあの時期にライブ録音をするというのは、レコード会社から見るとリスクの大きい企画でした。ドラッグ依存を克服したばかりの彼を再び売り出すのに、犯罪を連想させる場所を使うのは得策とは思えなかったのです。映画の中にも、「君のファンの多くはキリスト教徒だ。犯罪者を元気づけているところなんか聞きたいだろうか」という関係者のセリフがあります。また監獄でのライブは、広いことは広いが音響効果など考えずに設計された食堂で行われます。慰問で訪れたことがあるキャッシュはともかく、レコード会社の幹部が「凶悪犯相手に食堂でライブなんて」と思うのも無理はないでしょう。キャッシュが歌う曲も、リズムと音色は明るいものの、歌詞の内容は必ずしもそうではありません。フォルサム監獄での第一曲などは、きっと看守たちがギョッとしたことでしょう。犯罪を犯して刑期をつとめる人たちが、殺人犯の歌に大喜びしているのですから。しかし、このライブ録音のアルバム『At Folsom Prison』は1968年に発売されて大ヒットし、キャッシュは見事復活をとげたのでした。

（齋藤）

第5章　心に響く人生

MOVIE 30　サイダーハウス・ルール　*The Cider House Rules*　1999年（米）

監督●ラッセ・ハルストレム　　出演●トビー・マグワイア、シャーリーズ・セロン、マイケル・ケイン

信じるさ、そう信じたいからね。

They'll believe it because they want to believe it.

ラーチ（マイケル・ケイン） TIME : 01:10:46

- they'll = they will
- believe「信じる」
- because「なぜなら」
- want「望む」

(c) Miramax / courtesy Everett Collection / NANA

名セリフの決め所

　ラーチは、セント・クラウズ孤児院に付設された病院に勤務する産婦人科の医師でした。望まない妊娠をした女性の出産を助け、違法な堕胎手術も行っています。そこで生まれた子どもは、養子縁組がまとまれ

ば貰われていきますが、そうでなければ孤児院に留まることになります。容姿がよくて健康な子どもは縁組が成立する可能性は高いのですが、病気の子どもやホーマーのように縁組がまとまらない子どもは、仕方なくセント・クラウズに留まります。気管支炎を患い、呼吸テントが手放せない幼いファジーは、ある晩お気に入りのキング・コングの映画を観ながら息を引き取ります。ファジーが亡くなったことを、他の子どもたちにどう説明するのか、お兄さん役を務めるバスターはラーチに尋ねます。

BUSTER : What are you going to tell the little ones?
（子どもたちには何て言うの？）
LARCH : I'll tell them Fuzzy was adopted.
（ファジーは貰われたって言うさ）
BUSTER : Why would the little ones believe that anyone would adopt him?
（ファジーを養子にする人がいるなんて信じるかな？）

するとラーチは、

LARCH : **They'll believe it because they want to believe it.**
（信じるさ、そう信じたいからね）

真実を明かすことは、生きる希望を持たねばならない子どもたちにはあまりにも残酷なことです。信じたいことを信じる、これも一つの生きる術（すべ）と言えるでしょう。セント・クラウズは生と死、希望と絶望の交わる場であり、ここでの現実を生きるためには許される嘘もあるのかもしれません。

第5章 心に響く人生

英語ミニ講義

　ホーマーは3度の養子縁組に失敗し、セント・クラウズに舞い戻ってきます。仕方なく彼を養子に出すことを諦めたドクター・ラーチは言います。

LARCH：Homer, if you're going to stay at St. Cloud's, I expect you to be of use.
（ホーマー、セント・クラウズにいるつもりなら、役に立つ人間になるんだ）

　条件を表す if 節は、単純に未来のことを述べる場合、ほとんど助動詞 will は使用せず、現在時制を用います。ここでは意図を表す be going to〜「〜するつもり」が用いられています。ホーマーがセント・クラウズに戻ってきたのは、あくまでホーマー自らが選んで決めたことだ、ということをドクター・ラーチはほのめかしています。この表現は、例えば "If you stay at St. Cloud's, I expect you to be of use." 「セント・クラウズにいるなら、役に立って欲しい」と言うのとは、決意の固さも意味の重さも異なります。be of use は「役に立つ」という意味ですが、このラーチの教えは実利的であるがゆえにアメリカ的です。人の役に立ってこそ、人はアイデンティティを持てる。それは孤児であれ、誰であれ。そして自分の人生の責任は自分が負うのだという、「父」から「息子」への力強いメッセージとなっています。

違法中絶

　小説『The Cider House Rules』(1985年)の作者であり同映画の脚本家でもあるジョン・アーヴィングは、回想録『My Movie Business』(1999年)の中で、この作品は違法中絶の歴史を描いたものだと述べています。1840年のイーストマン＝エヴァレット法の制定により、中絶はメイン州(この小説の舞台)において処罰に値する行為となり、さらに1846年から1973年までは全米で完全な違法行為とされました。これにより、中絶できない女性たちが欲望のつけをすべて背負わされ、多くの孤児を生み出すことになりました。

　小説には、ハーバード大学医学部を出て将来を嘱望された医師ウィルバー・ラーチ(彼が医師となったのは1880年代という設定です)が、なぜあえて「ルール」を破り中絶手術をするようになったのかが描かれています。中絶の途を絶たれた場合、中絶を望む女性たちは、堕胎薬や処置を求めてさまよったあげく、誤った処置により命を落とすこともありました。現実から懸け離れたルールは無意味だと悟ったホーマーは、ラーチの志を継ぐべく、医師としてセント・クラウズに戻るのでした。

(村尾)

(c) Miramax / courtesy Everett Collection / NANA

第5章　心に響く人生

MOVIE 31

SAYURI *Memoirs of a Geisha*　　2005年（米）

監督●ロブ・マーシャル　出演●チャン・ツィイー、渡辺謙、ミシェル・ヨー

小さい頃あの橋のたもとでお会いしたときから、私の歩んできた道のりは、あなたのもとへと近づくためのものでした。

Every step I have taken... since I was that child on the bridge, has been to bring myself closer to you.

サユリ（チャン・ツィイー）TIME : 02:14:40

- every step I have taken「私の歩んできた一歩一歩」
- since ～「～以来」
- bridge「橋」
- to bring myself closer to you「私自身をあなたにより近づけるため」

(c) Columbia / courtesy Everett Collection / NANA

名セリフの決め所

　北陸の貧しい漁村で生まれたチヨは、姉のサツと共に京都の花街へ売られてしまいます。そのサツとも引き裂かれ、牢獄のような置屋（芸者や舞子を抱えている家）で生活するチヨ。つらい毎日に打ちひしがれ、

ある日橋のたもとでうずくまっているところを、優しそうな紳士に声をかけられます。「落ち込んでるにはもったいない天気だね、お嬢ちゃん。転んだのかい？ 恥ずかしがらなくてもいいよ。誰だって時にはつまずくことがある。あそこにいる緑の着物を着た素敵なお姉さんを見てごらん。彼女はまだ舞妓さんだった頃、下駄がはずれてすっ転んだことがあるんだよ」

この運命の出会いから、チヨの人生は岩の間を縫い、険しい谷を越え、やがて大海へと注ぐ川のように流れていきます。マメハという名の芸者の庇護のもとで修行を積み、チヨは美しい芸者に成長します。先輩芸者ハツモモの執拗な嫌がらせを乗り越え、ついに置屋の正式な後継ぎになって、サユリという座敷名を与えられるのです。

戦争は花街の灯りを消し、美しかったサユリの手にも、疎開先での歳月が刻まれていきました。戦後再び花街に活気が戻り、岩村電気再興のために一役買ってくれと会長に頼まれたサユリは、いま一度花街に戻ります。そしてその後の運命に翻弄されながらも、定めのままに、ついに会長のもとへ流れ着くのです。

SAYURI : Every step I have taken... since I was that child on the bridge, has been to bring myself closer to you.
(小さい頃あの橋のたもとでお会いしたときから、私の歩んできた道のりは、あなたのもとへと近づくためのものでした)

第5章　心に響く人生

英語ミニ講義

　会長への想いを秘めながらも、ままならない運命に翻弄されるサユリは、ある日マメハに本音をぶつけます。

SAYURI : I want a life that is mine!
（わたしは自分の人生が欲しいのです）

マメハは、自分の人生に思いを馳せつつ、次のように答えます。

MAMEHA : Sayuri! We don't become geisha **to pursue our own destinies**. We become geisha because we have no choice.
（サユリ。私たち芸者は、自分の幸せを追い求めるために芸者になるのではないわ。他に道がないから芸者になるのよ）

　to pursue our own destinies は、「自分自身の運命を追い求めるために」という意味で、文法的には、不定詞の副詞的用法です。destiny は「宿命」や「定め」という意味。destiny の動詞形 destine は、"She **was destined to be** a dancer." 「彼女はダンサーになる宿命だった」のように受身形で使います。

　人生のほとんどが「定め」だとしても、幸せを求めて能動的に関われば、運命も変わっていくのかもしれませんね。

川の流れのように

　自分のエゴを押さえきれず、自暴自棄になったハツモモは破滅して廃人となり、自信を失って夢を諦めた芸者仲間のオカボは、売春婦に成り下がり、ただ定めを受け入れつつも、最後まで希望を捨てなかったサユリだけが、幸せにたどり着きます。

　薄墨色の目をしたサユリは、小さい頃から「水」の性質を持つと言われ、それは縁起をかつぐ芸妓(げいぎ)の世界では、重宝がられるものでした。

NARRATION：Water can carve its way even through stone. And when trapped, water makes a new path.
（水の流れは岩をも削り、たとえ追い込まれても、またすり抜けていく）

　自然に逆らわず、運命に身をまかせつつも、岩をも砕くほどの想いを持ち続けたサユリが最後にたどり着いた場所 —— それが会長という大きな海だったわけです。

　ある日桜の木の下で、会長がサユリに言います。「今を生きることだ」「桜の花の教えですね」「幸せを望んじゃあいけないよ、サユリ。それは身に余るものだ。人生がうまくいけば、それは突然の贈り物のように訪れる」

　運命に逆らわず、今を精一杯生き、チャンスを逃さなかったサユリの幸せの花が開いたのです。

　陰陽五行説では、水から木を生ずることを「相生(そうしょう)」と言うそうです。

（井村）

第5章 心に響く人生

MOVIE 32 セント・オブ・ウーマン 夢の香り *Scent of a Woman* 1992年（米）

監督●マーチン・ブレスト　　出演●アル・パチーノ、クリス・オドネル、ジェームズ・レブホーン

彼は自分の将来の得のために誰かを売ったりしない。それが、人の尊厳というものだ。それが真の勇気なのだ。

He won't sell anybody out to buy his future. And that is called integrity. That's called courage.

フランク（アル・パチーノ）　TIME：02:24:23

- won't = will not
- not sell anybody out「誰も売り渡さない」
- future「未来」
- is called ～「～と呼ばれる」
- integrity「人の尊厳」
- That's = That is
- courage「勇気」

写真協力(財)川喜多記念映画文化財団

名セリフの決め所

　チャーリーは、名門ハイスクールの寮で寄宿生活を送る貧乏高校生。感謝祭の期間のアルバイトとして、フランク・スレードという盲人の介助をすることになります。事故で失明したというフランクは、元陸軍中

佐で気位が高く、気難しい中年男でした。アルバイトの初日、チャーリーは、突然ニューヨークに行くというフランクに無理やり同行させられることに。フランクが、超一流のホテルやレストランを利用して贅沢三昧をするのにチャーリーは仰天します。

実は、孤独で誇り高いフランクは、今の自分の惨めな状態に堪えられず、自殺する前に人生最後の贅沢を味わうつもりでニューヨークにやって来たのでした。そのことを知ったチャーリーは、自殺を思い留まるよう、全身全霊でフランクを説得するのです。

アルバイトが終わり、チャーリーにとって憂鬱な全校集会の日。チャーリーは、校長の車にいたずらを仕掛けたクラスメートを目撃してしまい、校長から「犯人」の名前を言うように迫られていました。白状しなければ退学になり、白状すればハーバード大学への推薦が貰えます。しかし全校集会の席でもチャーリーは沈黙を守り通します。そのとき、フォーマルなスーツ姿のフランクが講堂に入ってきます。壇上に上がったフランクは、あたりを圧倒する声で言います。「政治的指導者を生み出してきたこの学校の精神はどこへ行ったのか。罰が怖くて告げ口をした生徒を誉め、ちらつかされた甘い約束に惑わされずに同級生を守った生徒を罰するのか。優れた魂を握り潰してはいけない」と。

FRANK : He won't sell anybody up to buy his future. And that, my friends, is called integrity. That's called courage.
（彼は自分の将来の得のために誰かを売ったりはしない。よく聞きなさい。それが、人の尊厳というものだ。それが勇気なのだ）

この演説には、生きる喜びを思い出させてくれたチャーリーに対する、フランクの感謝の気持ちが込められていたのでした。

第5章　心に響く人生

英語ミニ講義

FRANK : Give me one reason not to (die).
　　　　（俺が生きなきゃいけない理由を一つ言ってみろ）

　自殺を止めるチャーリーに、フランクがこう言います。有能でありながら口が悪く昇進を見送られ、飲酒中に手榴弾で遊んで自らの失明を招いたフランクは、これから生きていく自信がありません。家族の留守中に付き添いアルバイトのチャーリーを連れて強引に旅に出かけた彼は、リムジンを借りて高級ホテルに泊まり、見知らぬ素敵な女性をタンゴに誘って一曲踊り、あこがれのフェラーリを猛スピードで試乗して一時は高揚感を味わうのですが、後でかえってどん底の気分に落ち込んでしまうのでした。

　上記のセリフは、文字通り理由を一つ言わせようとしているわけではありません。「俺がこれ以上生きる理由なんか一つもない」という反語的な文です。この場面では、「邪魔をするなら一緒に死ぬか」と銃をつきつけられたチャーリーが、この命令文に文字通りに対応することで危機を脱します。「あなたが生きる理由は二つもある。タンゴも、フェラーリの運転も、誰よりも上手いから」　フランクの張り詰めた表情はこの言葉に和らぎ、憎まれ口をたたいて微笑むのです。

FRANK : You haven't seen anyone do either.
　　　　（タンゴを踊れる奴も、フェラーリが運転できる奴も、俺の他に知らないくせに）

Scent of a Woman

呼びかけ表現

　会話の中で話している相手を自分がどう呼ぶかという判断は、単語や文法の正しさとは違うレベルで行います。この映画のオリジナル版では、初めて会ったときにフランクが一方的に "Don't call me 'Sir'" 「サー呼ばわりするな」と言ってチャーリーを当惑させます。高校生が初対面の、おそらくアルバイトをする間しか会わない大人の男性を何と呼べばよいのでしょう？ 名前がわかれば Mr. を付けられるのですが、紹介状にあったフランクの軍での階級を間違えて呼んでしまい、"Sorry, sir." と謝るときにまた Sir を使ってしまったりします。逆にチャーリーの方も、Chuckie という名では呼ばないでほしい、Charles か Charlie がいい、と言って、互いに Colonel（大佐）、Charlie（チャーリー）と呼ぶことに落ち着きます。時折、子どものようにいたずらが過ぎるフランクに対して "Colonel Slade,..." と名前をつけてチャーリーがたしなめたり、保護者代わりの親愛の情を込めて "Charlie, my boy,..." とフランクが呼んだりしています。リムジンの運転手はフランクを Sir とも Colonel とも呼びますが、フランクは快く受けています。学校ではチャーリーの同級生は彼を Chaz（チャズ）とニックネームで呼び、校長先生は Mr. Simms（シムズ君）と呼びます。

　相手によって、心地よい呼びかけ方は変わるということですね。

(齋藤)

第5章 心に響く人生

33 ターミナル *The Terminal* 2004年（米）

監督●スティーブン・スピルバーグ　出演●トム・ハンクス、キャサリン・ゼタ＝ジョーンズ、スタンリー・トゥッチ

歴史の本をたくさん読むわ。たいていは互いに殺し合う男たちの話だけど、ページ数が多いのに値段は安いしね。

I read a lot of history books. They're long and cheap and usually about men killing each other.

アメリア（キャサリン・ゼタ＝ジョーンズ）　TIME : 01:01:22

- read a lot of ～「～をたくさん読む」
- history books「歴史の本」
- They're = They are
- usually「いつも、たいてい」
- about men killing each other「互いに殺し合う男たちについて」

(c) DreamWorks / courtesy Everett Collection / NANA

名セリフの決め所

　ビクター・ナボルスキーは、亡父とのある約束を果たそうと東欧の国クラコウジアからアメリカへ向かいます。しかしニューヨークJFK国際空港に降り立ち、いざアメリカへ入国しようとしたビクターは、空港で

足留めを食らいます。というのも、ビクターの祖国がクーデターのため事実上消滅してしまい、彼のパスポートは無効になり、ビクターは、アメリカへの入国はおろか祖国への帰国も許されないという事態に直面してしまったからなのです。それから、ビクターは空港内で暮らし始めます。長期にわたる空港生活の中で、ビクターは英語を覚え、空港で働く人たちと友達になり、職を得た上に、客室乗務員のアメリア・ウォーレンと親しくなります。ある時、空港内の本屋で、それぞれ本を読んでいたビクターとアメリアは偶然の再会を果たします。歴史の本を読んでいたアメリアは、ビクターに言います。

AMELIA ： **I read a lot of history books. They're long and cheap and usually about men killing each other.**
(歴史の本をたくさん読むわ。ページ数が多いのに値段は安いしね。たいていは互いに殺し合う男たちの話だけど)

歴史は事後的に語られたものであり、確かにその多くが殺し合う男たちの話です。そしてアメリアのような現代人が、歴史を「過去の物語」として読むこともあります。その一方でビクターは、今まさに歴史の真っ只中にいると言えます。ビクターが空港内での生活を余儀なくされているのは、祖国の男たちが互いに争っているためであり、祖国の人々やビクターでさえも、やがて語られるであろう歴史の登場人物になりうるのです。そう考えると、このセリフには深い意味があるように思えます。

第5章　心に響く人生

英語ミニ講義

　空港内の本屋で偶然再会したビクターとアメリアは、ナポレオンの話で盛り上がり、昼食を共にすることになります。しかしそのとき、アメリアの恋人から呼び出しのポケベルが鳴ります。恋人のもとへ向かうアメリアは、申し訳なさそうに言います。

> **AMELIA**：I have a serious problem. I'm as bad as Napoleon. I just keep ingesting these poisonous men until I **make myself sick**.
> （私には困った問題があってね。私はナポレオンと同じくらい悪い奴なの。毒のある男たちを食べて、自分までおかしくなっちゃうの）

　使役動詞 make には、「(無理やり)～させる」という意味があります。〈make＋目的語＋形容詞〉で「目的語を形容詞の状態にさせる」という使役の表現を学びましょう。例えば上のセリフにある I make myself sick では、「I（主語）が、myself（目的語）を、sick（形容詞）の状態にさせる」、つまり直訳すると「私が私自身をおかしな状態にさせる」という意味になります。

　アメリアの言う「毒のある男たち」とは、おそらく、一人の女性だけを愛することのできない妻子ある男性のことではないかと思われます。このセリフから、そんな男たちを好きになってしまうアメリアの悲しい気持ちが窺えます。

移民の国

　アメリカは先住民を除くと、多様な移民で構成されている国です。アメリカに移住する人々が、それぞれの民族の文化や伝統を保つ傾向があるという観点から、近年、アメリカを「サラダボウル」と見なす考え方が普及しています。そういったアメリカの縮図を、『ターミナル』の舞台となった空港の中に見ることができます。ビクターが暮らす空港には、多くの移民が働いており、例えばビクターが空港で仲良くなる友達のグプタは、インド出身の清掃員だし、フード・サービス係のエンリケはヒスパニック、そして入国係官のトーレスや荷物運搬係のジョーはアフリカ系アメリカ人です。また空港内の吉野家では、日系アメリカ人が働いています。そしてビクターを空港から追い出そうとする空港警備局主任のフランクの先祖は、ヨーロッパからの移民です。

　さて、映画を含む20世紀のアメリカ大衆文化を語る上で無くてはならない移民が、ユダヤ系アメリカ人です。時代はさかのぼりますが、ハリウッドの映画会社は、1930～40年代にその黄金期を迎えます。この時期、ハリウッドの大物実力者と呼ばれた人たちのほとんどがユダヤ系アメリカ人でした。例えば、当時隆盛を極めた映画会社、20世紀フォックス社、パラマウント社、MGM社、ワーナーブラザーズ社、ユニヴァーサル社、コロムビア社の責任者は、ユダヤ系アメリカ人でした。そして、本作品を含む多くのヒット作を世に送り出しているスピルバーグ監督もまた、ユダヤ系アメリカ人です。

（森村）

第5章　心に響く人生

MOVIE 34　日の名残り　*The Remains of the Day*　1993年（英）

監督●ジェームズ・アイヴォリー　出演●アンソニー・ホプキンズ、エマ・トンプソン、クリストファー・リーヴ

> ミセス・ベン、私たちはもう二度と会うことはないかもしれません。ですから、私はこれだけ立ち入ったことを申し上げているのです。
>
> We may never meet again, Mrs Benn. That is why I am being so personal.
>
> スティーブンス（アンソニー・ホプキンズ）　TIME : 02:06:07

- may never meet「決して会わないかもしれない」
- that is why「そういうわけで」
- I am being so personal「私はこれほど個人的問題に立ち入っている」

写真協力（財）川喜多記念映画文化財団

名セリフの決め所

1956年のある日、イギリスの大邸宅ダーリントン・ホールに勤める初老の執事、スティーブンスのもとに一通の手紙が届きます。差出人はミセス・ベン。それは、以前同じ屋敷で働いていた当時の女中頭ミス・ケン

The Remains of the Day

トンからのものでした。使用人が不足していると考えていた彼は、休暇を取って彼女に会いに行く決心をします。そうしてイギリスの南西部を車で旅する彼の脳裏に、彼女と共に働いていた頃の様々な思い出が去来していきます。

その頃、気の強いケントンと職務に忠実なスティーブンスは、常に仕事上の対立を繰り返していました。しかしこの二人の間には次第に思慕の念が芽生え始めていたのです。けれども彼は彼女の気持ちに気付かぬ振りをし続けました。ある時そんなスティーブンスへの苛立ちを隠すことができずに彼女が叫びます。「どうしてあなたはいつも自分の気持ちを隠さなければならないの？」 この言葉は自分の気持ちに気付いてくれない彼への不満であるだけでなく、ただひたすら主人に盲従し、自分の気持ちをも押し殺そうとする執事スティーブンスへの痛烈な批判でもありました。

二人は二十数年の歳月を経てついに再会を果たします。しかしそれはあまりにも遅すぎたのです。もはや時計の針を完全に元に戻すことはできませんでした。彼女を見送るため雨の中バスを待つスティーブンスが、冒頭の言葉を口にします。

STEVENS : We may never meet again, Mrs Benn. That is why I am being so personal, if you will forgive me.
(ミセス・ベン、私たちはもう二度と会うことはないかもしれません。ですから、私はこれだけ立ち入ったことを申し上げているのです。お許し頂ければと思います)

二人は、決して交わることのない二本の線路のようなものでした。彼が本心を打ち明けることは最後までなかったのです。むしろ彼はそのことを彼女に謝罪すべきだったのかもしれません。

第5章　心に響く人生

英語ミニ講義

　この物語の主人公スティーブンスと今やミセス・ベンとなったかつての同僚、ミス・ケントンが再会したとき、二人は待ち合わせをしたホテルのティー・ルームを出て海岸の桟橋へと向かいます。そこで突然照明が点り、人々が拍手をしてその瞬間を喜び合います。見知らぬ人同士がたとえ一瞬でもそのように打ち解け合うのを見て、スティーブンスは不思議そうな顔をします。そのときミセス・ベンが次のように語るのです。

MRS. BENN : They do say that, for many people, the evening's the best part of the day.
（よく言うけれど、多くの人にとって、夕方が一日で一番いい時間なのよ）

　この文の主語 they は総称的に用いられており、特定の誰かを指しているわけではありません。ですから訳さないほうが自然でしょう。その後の do は助動詞で、次の動詞 say を強調しています。for many people という句は一番最後にもってきてもよいのですが、ここでは従位接続詞 that の後に挿入されています。

　この言葉はもちろん、単純には夕方が一日のうちで最良の時間であるという文字通りの意味なのですが、それはまた、これまでただ仕事一筋に生きてきたスティーブンスへの優しい忠告とも取れるのです。つまり初老を迎えた彼に、これからの人生をもっと楽しまなければ、と語りかけているのかもしれません。

映画と原作

　名匠ジェームズ・アイヴォリーは日系イギリス人作家カズオ・イシグロの原作を、息を呑むような美しい映像の世界へと変換しています。しかしこの映画と原作には多くの違いがあります。例えば映画の冒頭にあるオークションのシーンは原作にはありませんし、〈英語ミニ講義〉で紹介した文は、原作ではミセス・ベンの言葉ではなく、スティーブンスが桟橋で出会った見知らぬ老人の言葉となっています。その他両者の相違を数え上げればきりがないのですが、それは映画と小説という表現手段の違いを考慮すれば、ある程度仕方のないことかもしれません。結局ある文学作品を映像化するということは、そのエッセンスをくみ取ってたくさんの部分を大胆に切り捨てながら、脚本家や監督・俳優たちが独自の解釈を生み出していくということに他ならないのですから。それらは、どちらが良い悪いと単純に優劣を付けられるものでもないはずですが、時に映画のインパクトがあまりにも強すぎて、私たちはその解釈を鵜呑みにしてしまいかねません。

　一方小説を読むときは、読み手が積極的に物語の世界に関与していかなければ、文字は紙の上の黒いインクのしみに留まってしまうのです。読書をするということはやや骨の折れる作業かもしれませんが、それは読者自身が映画監督となって頭の中でその物語を映像化していくような素晴らしい体験です。時には文字の世界に没頭し、想像力という翼で自由に羽ばたいてみませんか？

（荘中）

第5章 心に響く人生

MOVIE 35 ラスト サムライ *The Last Samurai* 2003年(米)
監督●エドワード・ズウィック　出演●トム・クルーズ、渡辺謙、小雪

> 我らの生き方は、おぬしの眼には奇妙に映るのであろう。だが、それはおぬしらとて同じことじゃ。
>
> Many of our customs seem strange to you. The same is true of yours.

勝元（渡辺謙）TIME : 00:43:07

- customs「生活様式、風習、習慣」
- seem strange「奇妙に見える」
- the same is true of 〜「同じことが〜についても言える」
- yours = your customs

名セリフの決め所

　南北戦争の英雄、ネイサン・オルグレン。彼は軍の「インディアン討伐」の最中にアメリカ先住民を虐殺したことがトラウマとなり、その後すさんだ生活を送っていました。そんなときに、誕生して間もない明治

The Last Samurai

政府の要人から近代的な日本の官軍養成を依頼されます。官軍の当面の敵は、新政府に抵抗する武士団。オルグレンは未熟な官軍を指揮して、勝元率いる武士団と戦いますが、重傷を負って囚われの身となります。やがて傷が癒え、勝元と初めて対面することに。武士団に捕らえられた官軍の長谷川将軍が切腹し、その場で首を刎ねられた様子を思い出して、オルグレンが言います。「お前が敵に何をするのか、この眼で見たよ」「おぬしの国では、戦士は殺さないとでも？」「降伏してひざまずく者の首を刎ねたりはしない」 しかし勝元は、オルグレンにこう断言するのです。「長谷川将軍は、私に介錯を頼まれたのだ。侍は負けて生き恥をさらすことに堪えられない。私は長谷川将軍の介錯ができたことを誇りに思う」 そして、名セリフ。

KATSUMOTO : Many of our customs seem strange to you. The same is true of yours. For example...not to introduce yourself is considered extremely rude... even among enemies.
（我らの生き方は、おぬしの眼には奇妙に映るのであろう。だが、それはおぬしらとて同じことじゃ。例えば私の国では、名を名乗らないのは、至極失礼なことだと考えられている。たとえ敵同士であろうとも）

そして、ようやく名を名乗ったオルグレンに、勝元はこう返します。「お会いできて光栄だ。英語で話ができて楽しかった」

第5章 心に響く人生

英語ミニ講義

勝元のセリフを見てみましょう。

KATSUMOTO: General Hasegawa asked me to **help** him **end** his life.
（長谷川将軍は、私に介錯を頼まれたのだ）

〈help 人(to)do〉は、「人が〜するのを手伝う」という意味の構文ですね。ここでは、「長谷川将軍が、自ら命を絶つのを手伝う」、つまり「介錯する」という意味になります。help の後の動詞には、to を付けても付けなくても、どちらでも良いことになっていますが、このセリフでは前の〈ask 人 to do〉の構文で to が出て来ているので、後ろの to はない方が、リズムとしてもすわりが良さそうです。

KATSUMOTO: A Samurai cannot stand the shame of defeat. I was honored to **cut off** his head.
（侍は負けて生き恥をさらすことに堪えられない。私は長谷川将軍の介錯ができたことを誇りに思う）

このセリフの中の stand は「〜に耐える」の意。cannot stand となると、文字通り「じっと、立っていられない」という感じですね。"I was honored to **cut off** his head." の off は、「分離」を表す副詞ですが、その前のオルグレンのセリフ "They don't **cut** the heads **off** defeated, kneeling men." 「降伏してひざまずく人間の首を刎ねたりはしない」では、前置詞として使われています。

武士道の死生観

「武士道といふは、死ぬ事と見付けたり」の一句で有名な『葉隠』は、武士道のバイブルとも言える書物ですが、三島由紀夫は、これを「あくまでも逆説的な書物」であると評しています。つまり、生と死は表裏一体であり、武士道とは、死を身近に想うことで常に生の実感を得、一瞬一瞬を感謝の気持ちを持って生きていくことだ、ということでしょうか。

桜の木の下で、勝元はオルグレンに武士道について次のように説きます。「私は想う。この花のように、人は皆、死に逝くもの。一息の中に生あり。一服の茶にも、また、あやめる命にも。それが武士道だ」 禅や茶の湯にも貫かれるこの死生観は、「一期一会」という言葉でも言い表されます。

物が豊かになって、逆に精神の貧困化が危惧される今日ですが、心の豊かさを取り戻し、本当の幸せをつかむヒントが武士道の中にあるのかもしれません。いつも精一杯に生きていれば、いつ死んでも大往生。舞い散る桜を眼に映しながら、勝元は、オルグレンの腕の中でこう言って息絶えます。"Perfect. They are all... perfect." 「もう思い残すことはない」

勝元はきっと、武士の本懐を遂げたのでしょう。

(井村)

第6章　珠玉のエンターテイメント

- 赤ちゃんはトップレディがお好き
- アバウト・ア・ボーイ
- キャッチ・ミー・イフ・ユー・キャン
- シカゴ
- チャーリーとチョコレート工場
- デーヴ
- パイレーツ・オブ・カリビアン
  呪われた海賊たち

第6章　珠玉のエンターテイメント

MOVIE 36　赤ちゃんはトップレディがお好き *Baby Boom* 1987年（米）

監督●チャールズ・シャイア　　出演●ダイアン・キートン、サム・シェパード、ハロルド・ライミス

> 私はね、そんな犠牲は払いたくないんです。そして結論を言えば、誰も犠牲なんて払うべきではないんです。
>
> Well, I don't want to make those sacrifices. And the bottom line is, nobody should have to.
>
> J.C.ワイアット（ダイアン・キートン）　TIME : 01:42:18

- don't want「望まない」
- to make sacrifice「犠牲を払うこと」
- bottom line「要点、肝心なこと、結論」
- nobody 〜「誰も〜ない」
- should have to「（当然〜を）しなければならない」

写真協力（財）川喜多記念映画文化財団

名セリフの決め所

　ニューヨークのマンハッタンにある大手経営コンサルタント会社に勤めるJ.C.ワイアットは、「タイガー・レディ」の異名を取るバリバリのキャリア・ウーマンです。ある日、上司のフリッツから重役昇進の内示を

受け、今後も私生活を犠牲にしてでも会社に貢献してほしいという要請を受けます。快諾するJ.C.ですが、その翌日に親戚の子どものエリザベスを引き取る羽目になります。仕事と育児を両立させようとしますが、業績は急降下。その結果、彼女は退社を余儀なくされ、バーモント州の田舎にリンゴ園付きの家を買って、新生活を始めます。紆余曲折の末、J.C.はリンゴ園で採れたリンゴを材料に「カントリーベビー」というベビーフードを製造・販売し、それが全米で大ヒットします。その後、元上司のフリッツから電話があり、取引先企業が「カントリーベビー」を買収することを考えていると伝えられます。買収契約がまとまれば、J.C.はニューヨークに復帰し、大金持ちの会社役員になれます。しかし契約締結寸前で、彼女の口から出たのがこのセリフなのです。

> **J.C.** : ...I mean, Frits, do you remember that night when you told me about the things that I was gonna have to give up and the sacrifices that I was gonna have to make? **Well, I don't want to make those sacrifices. And the bottom line is, nobody should have to.**
> (フリッツ、覚えているでしょう、成功するためには犠牲を払わなければならないと言いましたよね。私はね、犠牲なんて払いたくないんです。そして結論を言えば、誰もそんな犠牲なんて払うべきではないんです)

そしてJ.C.は、バーモント州にいるエリザベスと恋人のもとに帰って行きます。

英語ミニ講義

　言葉に敏感になると、それまで見えなかったことが視野に入ってきます。この映画の原題である"Baby Boom"も、実は、語頭がB音で韻を踏んでます。このような技法を「頭韻」というのですが、この技法により表現が耳に心地良く響き、記憶に残りやすくなります。

写真協力（財）川喜多記念映画文化財団

　商品名やことわざやネーミングなどの表現には、本当に多くの頭韻が使われています。例えば、皆さんが好きな Coca-Cola や Kit Kat などの商品もそうです。この頭韻は、昔の賢人の教えを現代に伝えることわざにも取り入れられています。Money makes the mare to go.「地獄の沙汰も金次第」や It takes two to tango.「喧嘩両成敗」などはその一例です。また直喩を含む慣用句の多くにも頭韻が編み込まれています。We are as busy as bees.「私たちは（ミツバチのように）とても忙しい」や Tom is always as cool as a cucumber.「トムはいつも落ち着き払っています」などがそうですね。

　最後に、あの有名なディズニーのネズミ（mouse）とアヒル（duck）のペアの名前を考えてみて下さい。両ペアとも（M音とD音で）きれいに韻を踏んでいますので、子どもは苦もなく覚えることができるのです。

　このように、私たちの身の回りには頭韻の技法があふれています。

バーモント州

　アメリカ有数のスキーリゾートであるバーモント州は、"The Green Mountain State"（緑の山の州）という別名があるほど自然にあふれており、隣接するニューヨーク州とは大きな違いがあります。特にJ.C.が移り住んだ場所は人口がわずか317人という小さな村ですので、マンハッタンとは対照的です。この異文化とも言える雰囲気や地元の方言に、J.C.が徐々に同化していく過程を見るのも一興でしょう。例えば、オンボロ屋敷と田舎風の英語に苛立っていたJ.C.の堪忍袋の緒が切れて、配管修理職人に向かって "I've been **yupped** and **noped** to death by you guys!" という風変わりな文で怒鳴りつけるシーンがあります。"yup" と "nope" は一般的には教育を受けていない人々が使うとされる田舎表現で、標準英語では "yes" と "no" です。つまり、「あなたたちの "yup" とか "nope" という変な田舎言葉には、もうウンザリだわ」と言っているのです。しかし、そのように焦燥感を露にしたJ.C.本人が、映画終盤で買収契約を断るシーンでは "yup" と "nope" という表現を使っていて、微笑を誘います。

　余談ですが、バーモント州なんて初耳という読者の方でも、某有名食品メーカーの「バーモント・〇〇ー」はご存じでしょう。ただし、バーモント州の2大特産品は「リンゴと蜂蜜」ではなく、「リンゴとメープルシロップ」なのですが。

(倉田)

第6章 珠玉のエンターテイメント

MOVIE 37　アバウト・ア・ボーイ　*About a Boy*　2002年（米）

監督●ポール・ウェイツ、クリス・ウェイツ　　出演●ヒュー・グラント、ニコラス・ホルト、トニ・コレット

僕が思うに、すべての人間は孤島だよ。もっと言うなら、今は孤島の時代なのさ。

In my opinion, all men are islands. And what's more, now's the time to be one.

ウィル（ヒュー・グラント）　TIME：00:01:14

- In my opinion「私の意見では」
- islands「孤島」
- what's more = what is more「その上重要なことには、もっと言うなら」
- now's = now is
- the time to be ～「～の時代」
- one = an island「孤島」

(c) Universal / courtesy Everett Collection / NANA

名セリフの決め所

　主人公のウィルは、TVの人気クイズ番組『Who Wants To Be a Millionaire？』（大富豪になりたいのは誰だ？）を見ています。

HOST : Who wrote the phrase "No man is an island"? John Donne? John Milton? John F. Kennedy? Jon Bon Jovi?
(「誰も孤島ではない」という表現を書いたのは誰ですか。ジョン・ダン？　ジョン・ミルトン？　ジョン・F・ケネディ？　ジョン・ボン・ジョヴィ？)

　正解は、英詩人ジョン・ダンで、この後「すべての人は大陸の一部である」と続きます。ところが、ウィルは、次のように間違えて答えます。

WILL : Jon Bon Jovi. Too easy.
(ジョン・ボン・ジョヴィだ。簡単すぎだよ)

　父親の遺産で気ままな生活を送る無職の独身男、ウィルが、自らの人生信条を次のように述べます。

WILL : **In my opinion, all men are islands. And what's more, now's the time to be one.**
(僕が思うに、すべての人間は孤島だよ。もっと言うなら、今は孤島の時代なのさ)

　自分自身をヨーロッパ有数のリゾート地であるイビサ島と称するウィルは、ジョン・ダンとは正反対の人生観を持っています。ところが、彼はマーカスという少年と出会ったことで、「孤島」から少しずつ脱却し始めます。映画後半のウィルは、まさに「大陸の一部」となり、人との関係の中で生きていくようになります。この映画の見所の一つは、このようなウィルの変化だと言うことができるでしょう。

第6章 珠玉のエンターテイメント

英語ミニ講義

　この映画のもう一人の主人公は、12歳の少年マーカスです。マーカスは学校でいじめに遭い、孤独な日々を送っています。ウィルとは、ひょんなことから出会って、奇妙な友情を育むことになります。ある日、お母さんを喜ばせるために、校内コンサートに出演して歌を歌おうとするマーカスに、ウィルは次のように言います。

> **WILL** : Nothing you do can make your mum happy. ...She has to do that for herself.
> （君が何をしても、お母さんを幸せにはできないさ。それはお母さんが自分でやらなきゃいけないんだよ）
>
> **WILL** : What I'm saying is, the important thing is to **make yourself feel happy**.
> （僕が言いたいのは、自分自身が幸福だと感じるようにすることが大切だってことさ）

　使役動詞 make は、通例「強制」を表すとされます。しかし、この場合は目的語が自分自身なので、「強制」というより「努力」と解釈した方が適切です。make yourself feel happy とは、自分が幸せだと感じるように努力することを意味しているのです。

いじめ

　イギリスでも、暴力、恐喝、持ち物の破損など多岐にわたる、学校現場でのいじめは深刻で、日本のいじめと似ていると言われています。いじめを経験した人の比率は日本の3倍という統計調査もあり、いじめを苦にした自殺も少なくないようです。いじめ防止教育としてグループ討議やロールプレイなどが実践されているようですが、なかなか効果が上がらないのが現実です。

　学校帰りにマーカスが、上級生に追いかけられ、お菓子を投げつけられているのを見たウィルは、「こういうことがよくあるのか」と尋ねます。そして、マーカスのヘアスタイルや洋服が、元ヒッピーの母親の影響で少し他の子どもと変わっていることが、いじめの一つの原因と知ったウィルは、マーカスに流行りのスニーカーを買ってやります。そして、次のように言います。

> WILL : Well, my advice is just keep out of people's way, try and make yourself invisible.
> （僕のアドバイスはね、彼らに近づかないこと、君自身を目立たせないように努めることだよ）

　しかし、せっかくのスニーカーもすぐその翌日、誰かに盗まれてしまいます。

　いじめは対岸の火事ではなく、日本の学校でも日常的に起こっています。その陰湿さや規模を考えると、イギリスよりはるかに深刻かもしれません。
　　　　　　　　　　　　　　　　　　　　　　　　　　　　　（田中）

第6章 珠玉のエンターテイメント

MOVIE 38 キャッチ・ミー・イフ・ユー・キャン　*Catch Me If You Can*　2002年（米）

監督●スティーブン・スピルバーグ　出演●レオナルド・ディカプリオ、トム・ハンクス、クリストファー・ウォーケン

二匹目のネズミはあきらめませんでした。もがいてもがいてクリームをバターに変え、這い出しました。

The second mouse wouldn't quit. He struggled so hard that eventually he churned that cream into butter and crawled out.

フランク（クリストファー・ウォーケン）TIME：00:10:30

- wouldn't quit「やめようとしなかった」
- struggled so hard that 〜「必死でもがいたので〜」
- eventually「ついに、結局」
- churned「かき混ぜた」
- crawled out「這い出した」

(c) DreamWorks / courtesy Everett Collection / NANA

名セリフの決め所

　主人公フランクJr.（ジュニア）の父は地元の有力なビジネスマンで、ある日ロータリークラブの終生会員に選ばれます。市長が同席する名誉ある場で、愛する妻と息子に見守られながら感謝のスピーチを披露します。

FRANK : Two little mice fell in a bucket of cream. The first mouse quickly gave up and drowned. **The second mouse wouldn't quit. He struggled so hard that eventually he churned that cream into butter and crawled out.**
(クリームの入ったバケツにネズミが二匹落ちました。一匹はすぐあきらめ、溺れ死にました。二匹目はあきらめませんでした。もがいてもがいてクリームをバターに変え、這い出しました)

「自分が今その二匹目のネズミの気分です」と言った父の姿は凛々しいものでした。

しかし、幸せな家族の時間も長くは続きませんでした。父は脱税の容疑をかけられIRS（米国国税庁）からも追われる始末。銀行からの融資も受けられません。家や車を手放し、夫婦関係も悪化。結局両親は離婚することになってしまいます。そのショックから家を飛び出したフランクはニューヨークにたどり着きますが、お金に困り数々の詐欺を働くようになります。パイロットや医者に成りすまし、偽造小切手を駆使して贅沢な生活をしますが、どうしても寂しさはつきまといます。そんな中、ある女性との出会いがあり、結婚を真剣に考え始めます。彼女の実家に挨拶に行ったとき、「（同じルーテル派なら）食前の祈りを」と請われて一瞬頭が真っ白になったフランクでしたが、そのとき思い出したのがこの父の名スピーチなのでした。

第6章　珠玉のエンターテイメント

英語ミニ講義

　フランクJr.の父は、頼みごとをするときにいろいろなコミュニケーションテクニック使います。その中の一つが相手の名前を聞き出し、人懐っこく話しかけるという方法です。

　それでも相手にしてもらえそうにないときは、どこからかネックレスを取り出して次のように言います。

> **FRANK** : I just found it in the parking lot. It **must've slipped** right **off** your neck.
> （これを駐車場で見つけたんだけど。君のが外れたんだね）

　must've は must have の短縮形ですが、〈must have＋過去分詞〉で「きっと～したに違いない」という推量を表します。slip はこの場合「外れる」ことを示し、off your neck で「首から外れて」ということになります。off にはくっついていたものが離れるというイメージがありますので、ネックレスが外れて落ちた状況が想像できます。また、right が挿入されて「君の首から外れた」ことが強調されていることから、「君のだよね？」という意味になります。

　名セリフで紹介した父親のスピーチと同様、フランクはこのネックレスのテクニックを覚えていて、いろいろな人に使ってみます。また、彼は父親がそうであったように、口から出まかせの嘘を並べて同情を買おうとします。あれだけ嘘を次から次へとつけるというのは、ある種の才能と言えるかもしれませんね。

ノック・ノック・ジョーク

　英語圏には、ノック・ノック・ジョークと呼ばれるものがあります。面白いのはそれが掛け合いになっていることです。お決まりの流れは、ジョークを言いたい人＝A が "Knock, knock." 「トントン」と始めると、それを聞いた人＝B は必ず "Who's there?" 「どなた？」と返します。A が "XXX." 「○○です」と答えると、B がその言葉を受けて "XXX who?" 「○○、誰？」と聞きます。そこで A が落ちをつけることになるのです。例えば、

　　A : Knock, knock!
　　B : Who's there?
　　A : Olive.
　　B : Olive who?
　　A : Olive you. (I love you.)

というふうに、最後の言葉が（　　）内の意味の駄洒落になっているのです。

　映画の中では、同僚から「いつも真面目くさっている」と言われムッときた刑事が、このノック・ノック・ジョークを切り出します。戸惑いながらも "Who's there?" と反応してしまう同僚の表情が見ものです。もっとも、この場合は楽しい落ちにはならなかったようですが。

（松田）

第6章　珠玉のエンターテイメント

MOVIE 39　シカゴ　*Chicago*　2002年（米）

監督●ロブ・マーシャル　出演●レニー・ゼルウィガー、キャサリン・ゼタ＝ジョーンズ、リチャード・ギア

すべてはサーカスだ。見ごたえのあるサーカスだ。この裁判も、この世の中も。

It's all a circus, a three-ring circus. These trials, the whole world.

ビリー（リチャード・ギア）　TIME : 01:18:58

- It's = It is
- all「(主語と同格的に) 全部」
- three-ring circus「同時3本立てサーカス、めまぐるしいもの」
- trials「裁判」
- whole world「世の中すべて」

(c) Miramax / courtesy Everett Collection / NANA

名セリフの決め所

　1929年、シカゴ。ジャズが流行り、犯罪がはびこるこの街で、ロキシー・ハートは、ショーのスターになることを夢見ながら、お人好しの夫と暮らしています。しかし、ロキシーは芸能関係者だというフレッド・

ケイスリーと浮気をしていました。フレッドは、「お前を売り込んでや
る」と言っていたのですが、ある夜それがすべて嘘だったことがわかり
ます。逆上したロキシーは彼を撃ち殺し、監獄送りとなります。

　監獄の中でもスターになることを夢見るロキシーは、女看守長を買収
し、夫も使って凄腕弁護士ビリー・フリンを雇います。彼は、優秀な弁
護士ですが、裁判をショービジネスだと考え、裁判で自分の名前を売っ
て金儲けをしたいと考えている、俗物弁護士でした。ビリーは、裁判に
勝つためにロキシーの生い立ちを変え、マスコミや世間から同情を買う
という作戦を立てます。それが見事成功し、ロキシーは世間の注目の的
に。冒頭の名セリフは、ビリーとロキシーが最後の裁判に向かうときに
登場します。「恐いわ」と緊張するロキシーに、ビリーが言います。「心
配するな。俺はこの世界が長いんだ。俺を信じろ」

　そして名セリフ。

> **BILLY : It's all a circus, a three-ring circus. These trials, the whole world.** It's all show business, but you're working with a star.
> （すべてはサーカスだ。見ごたえのあるサーカスだ。この裁判も、この世の中も。すべて、ショービジネスなんだ。だが忘れるな。君が今スターと一緒だということを）

　シカゴ市民が見守る中、二人は裁判に臨むのですが…。

第6章　珠玉のエンターテイメント

英語ミニ講義

　ミュージカル映画の良いところは、ストーリーと合わせて歌で英語が学べることです。

　裁判で無罪を勝ち取ったロキシーは、同じように殺人の疑いで収監されていた憧れのスター、ヴェルマ・ケリーとコンビを組み、二人で再度ステージに戻ってきます。フィナーレで二人が自分たちの心境を歌う『Nowadays』の歌詞の中に、興味深い表現があります。

ROXIE & VELMA：You can like the life you are living. You can live the life you like.
（送っている人生に満足できる。好きな人生を送れる）

　この両文での life は、それぞれ動詞 live の目的語になっていますが、通常 live は目的語を取らない自動詞です。しかし、自動詞と関係がある「同族の」名詞句を目的語として置くことによって、他動詞のような働きをする場合があります。これは、同族目的語構文と呼ばれ、他にも die、laugh、smile など様々な動詞をこの構文に使うことができます。ちなみに「素敵な夢を見る」は、watch a wonderful dream ではなく、dream a wonderful dream というふうに表します。このような構文を映画のセリフの中に探すのは、結構楽しい作業ですよ。

All that jazz!

　英語の表現に all that jazz という表現があります。「なんだかんだ、何でもあり」という意味ですが、どうしてそんな意味になるのでしょうか？実は、この作品にそのヒントがあるのです。

　この映画の舞台は、1920年代のアメリカ・シカゴ。当時、禁酒法が原因で闇酒場が町中に横行し、ギャングたちによる役人の買収や抗争が絶えませんでした。一方で、第一次世界大戦後の好景気で、新しいファッションと新しい生活様式が出現し、大衆文化革命の時代になっていました。人々は、あちこちで弁護士ビリーの歌にあるような razzle dazzle（浮かれ騒いだパーティー）を行い、闇酒場では高級葉巻を片手に、酒と新しい音楽、ジャズを楽しんでいました。シカゴは、「ジンは冷たく、ピアノは熱い」と言われる街だったのです。しかし、「シカゴは新しい血を求めている」とビリーが言うように、物があふれるシカゴでは、日々新しいスターが生まれては消えていきました。ジャズの世界で有名になるためには、スカートの裾を短くしたり、ロキシーやヴェルマのように、スキャンダルさえも味方にしたりしてスターの地位を築く必要がありました。まさに、「何でもあり」の気合でジャズを演じないと有名にはなれなかったのですね。all that jazz は、roaring twenties（轟の20年代）と呼ばれるこの時代にふさわしい表現だと言えるかもしれません。

(平井)

第6章 珠玉のエンターテイメント

MOVIE 40 チャーリーとチョコレート工場　*Charlie and the Chocolate Factory*
2005年（米）　監督●ティム・バートン　出演●ジョニー・デップ、フレディー・ハイモア、ヘレナ・ボナム=カーター

顔を洗って、髪をといて、手を洗って、歯を磨いて、鼻をかみなさい。

Wash your face, comb your hair, scrub your hands, brush your teeth, blow your nose.

ジョーじいちゃん（デヴィッド・ケリー）　TIME：00:31:30

- wash「洗う」
- comb「（髪を）くしでとく」
- scrub「（ごしごし）洗う」
- brush「（歯を）磨く」
- blow「（鼻を）かむ」

(c) Warner Brothers / courtesy Everett Collection / NANA

名セリフの決め所

　チャーリーの家は貧しく、食事は毎日キャベツスープです。ある日、近くのチョコレート工場の主、ウィリー・ウォンカが、子ども5人を工場に招待することになりました。買ったチョコレートに金のチケットが

入っていれば当たりなのですが、チャーリーがチョコを買ってもらえるのは年に一度、誕生日の時だけです。たくさんチョコレートを買ってもらえる子が次々に当選していき、ついにチケットは残り一枚になってしまいます。落ち込むチャーリー。でも、ある日幸運な出来事が起こります。奇跡的に5枚目のチケットを手にしたチャーリーは、大急ぎで家に帰り家族に報告します。チケットには、「2月1日に工場に集合」と書かれています。お母さんが、「2月1日って明日よ」と言うと、家中大騒ぎになります。ジョーじいちゃんは、まず身だしなみを整えるよう命じます。

GRANDPA JOE : Then there's not a moment to lose, Charlie. **Wash your face, comb your hair, scrub your hands, brush your teeth, blow your nose.**
(じゃあぐずぐずしていられないぞ、チャーリー。顔を洗って、髪をといて、手を洗って、歯を磨いて、鼻をかみなさい)

一方、お母さんは、

MOTHER : Now we must all try and keep very calm. First thing that we have to decide is this: Who is going with Charlie to the factory?
(みんな落ち着いて。まず決めなくちゃいけないのは、誰がチャーリーと一緒に行くかってことよ)

と、努めて冷静に振舞います。さて、結局誰が一緒に行ったのでしょう?

第6章　珠玉のエンターテイメント

英語ミニ講義

　工場内のテレビ・ルームには、チョコレート（実物）をテレビに送れる特別なカメラが置かれています。金のチケット当選者の一人、マイク・ティーヴィーはテレビが大好き。「人間も送れる？」と聞いたマイクは、皆が止めるのも聞かずにカメラの前に立ち、送信ボタンを押して閃光と共に消えてしまいます。ウィリー・ウォンカは、「ちゃんと（マイクの体が）送られたかなあ。時々半分残ってしまうことがあるんだよね」と言った後、マイクの父に次のように尋ねます。

WILLY WONKA : If you had to choose only one half of your son, which one would it be?
（息子さんの体半分を選ぶとすれば、上下どっち？）

MR. TEAVEE : What kind of a question is that?
（なんて質問だ！）

WILLY WONKA : No need to snap. Just a question.
（そんなに切れなくても。ちょっと聞いただけだよ）

　これは、この作品にあふれるブラック・ユーモアの一つですが、「あえて選ぶとすれば」という「究極の選択」の部分を仮定法過去（if＋過去時制, would〜）で表しています。後ろの部分は "which one would you choose / like?" と言い換えることもできますが、"which one would it be?" というふうに it を使った方が、より強く選択肢（上半身か下半身か）を意識させることができます。上半身と下半身…なんだか目に浮かんできそうですね。お父さんも「切れる」わけです。

特撮？ それとも本物？

　ロアルド・ダール著『Charlie and the Chocolate Factory』は、1971年にメル・スチュアート監督によって一度映画化されており、今回はそのリメイク版です。ストーリーに関しては、旧作よりも新作の方が原作に忠実なようです。技術的には、旧作では不可能だったことが今回のリメイク版で可能になっています。例えば、旧作ではウンパ・ルンパという役を演じる俳優がたくさんいましたが、新作ではディープ・ロイという俳優一人が演じています。実際は約125センチの身長があるのですが、コンピュータで半分に縮小したり、セットや小道具の方を大きくしたりして、体をさらに小さく見せています。

　また、旧作では、金の卵を産むガチョウのシーンだった箇所が、新作では原作に基づき、くるみの殻をむくリスのシーンになっています。映画の中でウィリー・ウォンカが「ここにいるリスは、くるみの殻むきを特別に仕込まれている」と言った通り、撮影に使われたリスは、撮影セットの中で訓練されました。そのうち3匹は、「嫌な奴のお尻に蹴りを入れることも覚えた」そうです。その「嫌な奴」って？ 知りたい方は、ぜひ映画をご覧下さい。

　　　　　　（松田）

(c) Warner Brothers / courtesy Everett Collection / NANA

第6章　珠玉のエンターテイメント

MOVIE 41

デーヴ　*Dave* 　1993年（米）

監督●アイバン・ライトマン　　出演●ケビン・クライン、シガニー・ウィーバー、フランク・ランゲラ

立ち上がってやってみようと思うまでは、本当に自分がどれくらいできるのか誰にもわからないのだ。

You don't really know how much you can really do until you stand up and decide to try.

デーヴ（ケビン・クライン）　TIME : 01:21:58

- don't really know「本当にはわからない」
- how much you can really do「本当にあなたがどれくらいできるか」
- until 〜「〜するまで」
- stand up「立ち上がる」
- decide to try「やってみる決心をする」

(c) Everett Collection / NANA

名セリフの決め所

　デーヴは職業斡旋所を経営する平凡な中年男ですが、彼には非凡な才能があります。瓜二つの風貌を活用して、ミッチェル米国大統領の完璧な物まねができるのです。そんな彼がある日、大統領の影武者に抜擢

されます。有頂天になるデーヴですが、その直後、大統領が脳卒中で意識不明になってしまい、側近の説得によってデーヴがそのまま大統領になりすますことになります。ミッチェル大統領と悪行を重ねてきた側近に操られ、デーヴは国政を動かし始めます。最初は、言われたままに振舞いますが、彼は徐々に疑問を持ち始めます。そしてついに権力の虜となった側近を解雇し、雇用状況を抜本的に変える公約を記者会見で発表します。その公約はデーヴの職業斡旋所での経験を反映したものでした。国民一人一人に仕事を見つけていけば、いつか雇用問題のみならず国家的問題をも解決できるというシンプルな発想です。最初は懐疑的な記者団も徐々に耳を傾け始めます。そしてこの名セリフ。

> **DAVE** : ...then pretty soon all these other problems that we're facing may not seem so impossible. **You don't really know how much you can really do until you stand up and decide to try.** That's it. So, let's get back to work.
> (すぐに我々が直面している他の問題も不可能なものに思えなくなる。立ち上がってやってみようと思うまでは、本当に自分がどれくらいできるのか誰にもわからないのだ。以上。さあ、仕事に取りかかろう)

多くの記者が大統領に質問しようとする中、一人の女性記者が目を輝かせて言います。"Thank you, Mr. President."「ありがとうございます、大統領閣下」と。

第6章 珠玉のエンターテイメント

英語ミニ講義

　辞書で調べると動詞 run には、多くの意味があり、覚える気になれませんよね。でも「直線的に（比較的速く）動く」という意味的イメージでとらえると楽になります。中学で習う「走る」という意味はまさにドンピシャです。**run** a company も「会社を経営する」と暗記している人が多いでしょうが、実は同じイメージで、「（休まず）会社を走らせている」という絵が浮かべばOKです。また "His debt has **run up to** 1,000,000 yen." も「借金が急速に増えて、100万円に達した」です。同様に "My stockings **ran** again yesterday." という文を考えて下さい。同じイメージで「伝線する」という意味が浮かび上がりませんか？

　さて、『デーヴ』には、この run の意味的イメージを知っていれば、理解できるなぞなぞがあります。住む家のない子どもたちを預かる「救いの家」で、デーヴは男の子にコインを消す手品を見せます。「どこにいったの？」と不思議そうな顔をしている少年に向かって、デーヴは "What can **run** all day without ever getting tired?"「疲れ知らずに一日中 "ラン" できるものは何？」というなぞなぞを出します。"It's not your ear. And it's not your mouth."「君の耳じゃないよ。口でもないよ」とデーヴがヒントを出すと、少年は "My nose!"「僕の鼻」と答えます。「鼻水を垂らす」が run のイメージとピッタリ合いますよね？

換喩

次の(1)と(2)の文を考えてみましょう。

(1) 昼食に丼を食べた。
(2) モーツァルトを聞いた。

食器の丼は食べられませんし、モーツァルトという人を聴覚でとらえることも無理ですから、「丼に盛られた(親子丼のような)丼飯」と「モーツァルトが作曲した音楽」と解釈しますよね。ピンポイントな語句で表現することに困難を覚えると、私たちは代わりに、意味的に隣接するもので表現することがあります。このような表現法を比喩の一種で「換喩」と呼びます。この換喩は英語にも存在します。例えば、"If the economy improves, **the White House** will get credit for it." という文は、「景気が好転すると大統領官邸の功績になる」という解釈では意味不明ですよね。ホワイトハウスに意味的に隣接する「大統領(の政権)」が正解になるのです。類似した換喩は『デーヴ』にもあり、ニュースキャスターが "**The White House** now classifies the President's condition as a slight circulatory problem of the head." と言っています。この文脈でホワイトハウスに隣接するものを考えると、「(大統領を診察した医師団および)政府関係者は、現時点で、大統領の病状を頭部循環器の軽度の疾患と分類しています」という解釈になります。

(倉田)

第6章　珠玉のエンターテイメント

MOVIE 42

パイレーツ・オブ・カリビアン 呪われた海賊たち *Pirates of the Caribbean: The Curse of the Black Pearl*　2003年(米)　監督●ゴア・ヴァービンスキー　出演●ジョニー・デップ

海賊の手に渡すより海に沈めた方がましだ。

I'd rather see her at the bottom of the ocean than in the hands of a pirate.

ノリントン提督（ジャック・ダベンポート）　TIME : 00:47:51

- I'd = I would
- would rather ～「むしろ～を好む」
- her = the ship「船」
- the bottom of the ocean「海底」
- in the hands of ～「～の手中に」
- pirate「海賊」

(c) Walt Disney / courtesy Everett Collection / NANA

名セリフの決め所

　鍛冶屋のウィル・ターナーは、昔、海を漂流していたところを総督の娘エリザベス・スワンに発見されました。それから8年が経ち、ウィルは立派な青年に、エリザベスは美しく魅力的な女性に成長します。そし

て、身分の違いがあるため口には出せませんが、二人はお互いに熱い思いを寄せています。

ある晩、エリザベスが海賊船ブラックパール号の悪党たちに連れ去られてしまいます。ウィルは、獄中にいた一匹狼の海賊、ジャック・スパロウに協力を求め、二人は英国海軍の船ドーントレス号を乗っ取ります。英国海軍の指揮官であるノリントン提督は、ジャックとウィルのその無謀な行動を見て呆れます。

NORRINGTON: That is without doubt the worst pirate I have ever seen.
（あれは紛れもなく最悪の海賊だな）

しかし、実はジャックとウィルのお目当てはドーントレス号ではなく、英国海軍屈指のスピードを誇るインターセプター号だったのです。追っ手がドーントレス号に乗り込むどさくさに紛れて、ジャックとウィルは船を乗り換えます。不意を衝かれたノリントン提督は、直ちに大砲を放つように命じ、船を奪い返そうとします。「我が軍の船を撃つのですか？」と聞く部下に対して答えたのが、次のセリフです。

NORRINGTON: **I'd rather see her at the bottom of the ocean than in the hands of a pirate.**
（海賊の手に渡すより海に沈めた方がましだ）

しかしそれも功を奏さず、また、舵を壊されたので身動きも取れません。ジャックとウィルを乗せたインターセプター号はどんどん遠ざかって行き、先ほどの部下には、「海賊ながらあっぱれ」と言われてしまうのでした。

第6章 珠玉のエンターテイメント

英語ミニ講義

good の反対は bad、right の反対は wrong で、"I know the difference between good and bad [right and wrong]."「善悪[正誤]の違いはわかっている」のようにセットでも使われます。しかし、今回のセリフには、面白い組み合わせのものが見られます。

今度はウィルが海賊たちに連れ去られ、エリザベスはノリントン提督のプロポーズを受け入れる代わりにウィルを助けて欲しいと言います。父のスワン総督は、以前から娘とノリントン提督の結婚を望んでいたのですが、なぜか気持ちが落ち着きません。そこで、娘の部屋の前に立ち、次のように話しかけます。

SWANN : I believe you made a very good decision today... But, you know, even a good decision if made for the wrong reasons can be a wrong decision.
(よく決心したな。でもいい決断でも理由が間違っていれば間違った決断かもしれんよ)

父は、娘の決断が good ではあっても right ではないのでは、と心配したのです。結局彼女は、最終的には自分の気持ちに正直に答を出します。ノリントン提督は、"So this is where your heart truly lies, then?"「これが君の本心か」と言って引き下がるしかありませんでした。

「死ねない」vs.「死なない」

　人間 (mortals) は本来「死ぬべき運命にあり」(mortal) ますが、成仏できない魂は、幽霊となって人や土地に取り憑き現世を漂うとも考えられています。呪われた海賊たちはまさにその状態で、彼らは Isla de Muerta (死の島) を根城に海賊船ブラックパール号で移動しますが、剣で刺されても銃で撃たれても死ぬことはありません。「アステカの金貨」を盗んだために呪いをかけられてしまったのです。そして、海賊たちはその不死身の状態を決して喜んでいる訳ではありません。バルボッサ船長は、「食い物も酒も女も何も満たしてはくれない」と吐き捨てます。全く「何も感じない」のです。しかし、最後に生身に戻った体をジャック・スパロウに撃たれたときは、"I feel cold." と薄笑いを浮かべるのでした。

　一方、人間には、不老不死 (immortality) を追い求めるという側面もあります。『インディ・ジョーンズ最後の聖戦』(1989年) では、イエス・キリストが最後の晩餐で使ったとされる聖杯 (Holy Grail) を巡って醜い争いが繰り広げられます。その杯で水を飲むと不老不死が手に入ると信じる人がいたのです。しかし、結局彼らは聖杯を手に入れるどころか、かえって自らの死を早めてしまいます。仮に不老不死を手に入れていたとしても、本当に幸せになれたのでしょうか？ 呪われた海賊たちを見ていると、そうではなかったような気がします。

(松田)

第7章　人生を彩る名作

- 裏窓
- カサブランカ
- 風と共に去りぬ
- カッコーの巣の上で
- グランド・ホテル
- 殺人狂時代
- 素晴らしき哉、人生！
- 独裁者

第7章　人生を彩る名作

MOVIE 43

裏窓　*Rear Window*　　1954年（米）

監督●アルフレッド・ヒッチコック　出演●ジェームズ・スチュワート、グレース・ケリー、セルマ・リッター

パンに少し常識を塗っておいてあげる。

And I'll spread a little common sense on the bread.

ステラ（セルマ・リッター）　TIME : 00:13:55

- I'll = I will
- spread「（パンに）塗る」
- a little「少し」
- common sense「常識」
- on the bread「パンに」

写真協力（財）川喜多記念映画文化財団

名セリフの決め所

『裏窓』は、覗き見と結婚という二つの主題が巧みに絡み合って織り成すサスペンスです。カメラマンのジェフは片足を骨折し、車椅子の生活を送っています。動けないジェフは暇をもてあまし、アパートの裏窓

から隣人の生活を覗き見ています。そこへ看護師のステラがやってきます。このステラとジェフの軽妙な会話も『裏窓』の見所です。

　覗き見をしているジェフをとがめてステラは、「トラブルの匂いがする。足を折り、窓から余計なものを見る。法廷にいるあなたが目に浮かぶ」と言います。ジェフは、確かにトラブルが起こりそうだとステラの発言に同意しますが、トラブルは、覗き見をして起こるのではなく、「自分と恋人リザの間に起こる」と言います。「それはどんなトラブル？」とステラに問われたジェフは、「自分はまだ結婚する気はないのに、リザは結婚を望んでいる」と答えます。ジェフは、リザのことを完璧すぎる上に金持ちで、自分とは合わないと考えているのです。煮え切らないジェフに対してステラは、「好きになった男女は一緒になるものよ。早くリザと結婚しなさい」と言います。まだステラに反論し足りないジェフですが、とりあえず食事を頼みます。

JEFF : Now, would you fix me a sandwich, please?
（サンドウィッチを頼むよ）
STELLA : Yes, I will. **And I'll spread a little common sense on the bread.**
（わかったわ。パンに少し常識を塗っておいてあげる）

　ステラは、「常識を持て」という忠告の意味を込めて、ユーモラスに表現しているのです。この名セリフに対し、ジェフも負けずに、「リザは（君にこの忠告を言わせるために）いくら払ったの？」と言ってほくそ笑み、覗き見を続けます。

　映画の導入部であるこの場面で、早くも覗き見と結婚という『裏窓』の二つの主題が語られていることに注目して下さい。

第 7 章　人生を彩る名作

英語ミニ講義

　リザは、ジェフのアパートを訪れ、あと一週間でジェフのギプスがとれることを祝います。そして二人の将来について話し始めます。

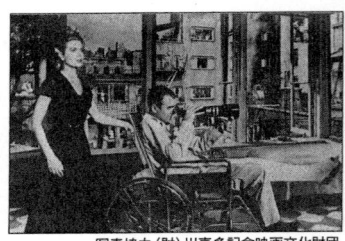

写真協力（財）川喜多記念映画文化財団

LISA：Jeff, **isn't it time** you **came** home?
　　　　（ジェフ、そろそろ落ち着いてもいい頃じゃない？）

　これは〈It is time 主語＋動詞の過去形〉を使った「そろそろ〜する頃だ」という表現です。この表現では、現在とは異なる状況を仮定する仮定法過去が使われています。came という過去時制を用いることにより、「現在はまだ落ち着いて（結婚して）いないけれども、そろそろ落ち着いてもいい頃よ」という現在とは異なる状況、つまり落ち着きたい（結婚したい）というリザの願望が表現されているのです。

　それなのにジェフは、プロポーズともとれるリザの言葉をさらりとかわして、「僕たち、結婚しないで、今の恋人のままの関係でいられないかな？」と提案します。するとリザは「将来の約束もないまま、こんな関係は続けられない」と言い、ジェフの部屋を去ってしまいます。

　リザが部屋を去った後も、ジェフは裏窓から隣人の生活を覗き続けます。やがてジェフは、向かいのアパートで殺人事件が起こったに違いないと思い込みます。『裏窓』は、この殺人事件を契機にして、結婚したくないジェフと結婚したいリザとの相容れない関係が修復されていく過程を描きます。

覗き魔の物語

『裏窓』はまさに覗き魔の物語です。覗き見を楽しんでいるジェフをたしなめて、看護師のステラは次のように言います。

STELLA : New York state sentence for a peeping Tom is six months in the workhouse.
（ニューヨーク州では覗き魔は6ヶ月間の禁固刑ですよ）

日本語では、覗き魔のことを出歯亀と表現したりしますが、英語では覗き魔のことをpeeping Tomと表現します。peeping Tomの名前の由来の前に、まずゴダイヴァ夫人（Lady Godiva）の伝説をご紹介しましょう。ゴダイヴァ夫人は、英国のコヴェントリー領主の妻でした。1040年、この領主が、領民に対し重税を課そうとしましたが、ゴダイヴァ夫人はそのことに反対し、領主である夫に重税をやめるよう懇願しました。すると夫は妻に「お前が裸で馬に乗って、街中を駆け抜けたら重税を取りやめてもよい」と答えました。その言葉通りにゴダイヴァ夫人は、一糸纏わず馬に乗り街中を駆け抜けました。その結果、夫は妻との約束を守ったという伝説が残っています。この話を潤色したのがpeeping Tomの話です。ゴダイヴァ夫人が裸で街を駆け抜けたとき、領民は窓を閉じ、決して夫人の姿を見ることはしませんでした。しかしその中で一人だけ、鎧戸を通して裸の夫人を覗き見た者がいました。この人物こそがpeeping Tom（覗き魔トム）です。そしてこの覗き見の結果、トムは盲目になるという天罰を受けました。

さて『裏窓』の主人公、ジェフも覗き魔ですが、覗き見の結果、ジェフはどんな罰を受けたのでしょうか？ それは観てのお楽しみです。

(森村)

第7章 人生を彩る名作

MOVIE 44　カサブランカ　*Casablanca*　1942年（米）

監督●マイケル・カーチス　出演●ハンフリー・ボガート、イングリッド・バーグマン、ポール・ヘンリード

俺たちにはいつだってパリの想い出があるじゃないか。君がカサブランカに来るまで、俺たちはそれを失っていた。

We'll always have Paris. We'd lost it until you came to Casablanca.

リック（ハンフリー・ボガード）　TIME：01:37:00

- we'll = we will
- always「いつも、常に」
- have Paris「パリの想い出を持つ」
- we'd = we had
- had lost「失っていた」
- until ～「～まで」

写真協力（財）川喜多記念映画文化財団

名セリフの決め所

　舞台は、第二次世界大戦下の仏領モロッコ・カサブランカ。ナチスドイツの弾圧から逃れてアメリカへ亡命する人たちにとってここは、重要な寄港地です。その町で主人公のリックは、ナイト・クラブを経営して

います。ドイツ人特使が殺され、通行証を奪われた事件で騒然としていたある日、反ナチ運動のリーダー、ヴィクター・ラズロと妻のイルザが彼の店に現れます。彼らはある男から通行証を買うつもりだったのですが、リックは、その男から通行証を預かっていたのでした。リックとイルザは互いの顔を見て驚きます。彼らは、かつてパリで愛し合った仲でしたが、ドイツ軍のパリ侵攻が始まった日、イルザはなぜか、唐突に姿を消していたのです。

イルザとラズロが別々に、リックに通行証を渡してくれるよう頼みに行きますが、リックは冷たく拒否。イルザは再びリックを訪れ、パリでの別れについて事情を打ち明けます。姿を消したのは、死んだと思っていた夫ラズロが生存していて、病床にあるとわかったからだ、と。そして二人は、互いの愛を確かめます。

警察はラズロを逮捕。リックは、警察署長ルノーを罠に掛け、拳銃を突きつけてラズロとイルザが乗る飛行機を手配するように命じます。リックと一緒に留まるつもりでいたイルザは驚きます。リックは、「彼と一緒じゃなかったら、君は後悔する」「私たちのことはどうなの」と、イルザ。リックは、イルザの目を見つめ、こう答えます。

RICK : We'll always have Paris. We didn't have; we'd, we'd lost it, until you came to Casablanca. We got it back last night.
（俺たちにはいつだってパリの想い出があるじゃないか。前はなかった。君がカサブランカに来るまで、俺たちはそれを失っていた。でも昨夜、それを取り戻したんだ）

そしてリックは、イルザの乗った飛行機が夜空に消えるのを見送るのです。

第7章 人生を彩る名作

英語ミニ講義

『カサブランカ』で忘れてはならないのが、リックの **"Here's looking at you, kid."** というセリフ。原作『Everybody Comes to Rick's』でも映画でも、「君の瞳に乾杯」という訳で知られています

写真協力(財)川喜多記念映画文化財団

が、この英語はどんな文法構造になっているのでしょうか。まず、"Here's to you." 「君に乾杯」という表現を基本に、これは "Here's to looking at you." から to が省略されたものだという考え方があります。しかし、例えば「君に乾杯」の英語は "Here's (a toast) to you." であり、toを省略して "Here's you" などとは言えません。また別に、これを存在文と見て、「ここに、君を見るという行為がある」という意味に解釈する人がいますが、これも不自然。発想を変えて、必ずしも「乾杯」の意味でなくていいという考えのもとに、これは here を主語とする現在進行形だという見方もあります。しかし、「この場所が君を見ている」って、やっぱり変ですよね。実はこのセリフ、"Here's (a toast) to you." 「君に乾杯」と "Here's (a toast,) hoping for 〜." 「〜を願って乾杯」という、一般的な乾杯の表現を下敷きにした洒落です。そう、これは、"Here's (a toast,) looking at you." 「君を見つめながら乾杯」という意味の分詞構文なのです。

ボギー

　ハンフリー・ボガート（愛称ボギー）といえば、「トレンチコートの襟を立て、タバコを吸いながら何かをじっと堪える」風情の、あの決めのポーズが浮かんできます。特に熟年男性にとって彼は、「男の中の男」というイメージではないでしょうか。

　ボガートは、1899年ニューヨークに生まれ、1930年からワーナー・ブラザーズ製作のギャング映画の脇役として活躍しました。1941年、ハードボイルド映画『マルタの鷹』で主役の探偵サム・スペードを好演し、それ以後、タフで孤独な男を演じる独特のスタイルを確立しました。私生活でも酒好きでヘビースモーカー。その「ボギー・スタイル」は、今日に至るまで、多くの男の支持を得、ウディ・アレンの『ボギー! 俺も男だ』（1972年）を始め、ボガートをモデルにした様々なパロディ作品も作られています。

　『カサブランカ』の主人公リックの人物像は、最初の脚本ではただニヒルなだけの男でした。しかし、ボガートの希望で、エチオピア戦争で反ファシスト活動をしたとか、スペイン内乱での反フランコ将軍側の闘士だったなどという、戦時下のアメリカ大衆が共感しやすい要素が加わりました。タフなだけでなく、「センチメンタルな」男というわけですね。

　ボガートは、1957年、ヘビースモーキングが祟って肺ガンで亡くなりますが、死に方までボギー・スタイルを貫いたと言えるかもしれません。AFI（アメリカ映画協会）は、彼を「アメリカ映画史上最も偉大な男優」に選出しています。

（藤枝）

第7章 人生を彩る名作

風と共に去りぬ　*Gone with the wind*　1939年（米）

MOVIE 45

監督●ヴィクター・フレミング　　出演●ヴィヴィアン・リー、クラーク・ゲーブル、レスリー・ハワード

たとえ馬鹿げたこの世のすべてが滅びようとも、君を愛している。

In spite of you and me and the whole silly world going to pieces, I love you.

レット（クラーク・ゲーブル）　TIME：01:29:35

- in spite of ～「～にも関わらず」
- whole silly world「愚かな世の中すべて」
- going to pieces「バラバラになる、滅びる」

写真協力（財）川喜多記念映画文化財団

名セリフの決め所

　主人公のスカーレットは、アメリカ南部で農園を営む名門家庭の長女。美貌にも恵まれ、何不自由のない生活を送っています。しかし、南北戦争が近づいたある日、想いを寄せていた幼なじみのアシュレーが、従姉

妹のメラニーと結婚するという噂を耳にして動揺します。アシュレーのことしか考えられないスカーレットは、彼に結婚を迫りますが拒絶されてしまいます。たまたまその一部始終を見ていた社交界の不良男レット・バトラーは、スカーレットをからかいつつも彼女に強く惹かれます。一方、スカーレットは、アシュレーへのあてつけにメラニーの兄リチャードと結婚するのですが、結婚後まもなく、リチャードは南北戦争で戦死してしまいます。未亡人になったスカーレットは、アシュレーへの想いを断ち切れず、メラニーのいるアトランタに行き、出征したアシュレーの帰りをメラニーと共に待ち続けることになるのです。

　戦火のアトランタで身重のメラニーの出産に立会い、赤ん坊を取り上げたスカーレットは、心身の疲労が極限に達し、メラニーたちを伴って故郷タラに帰ろうとします。そんな折に馬車を提供して救ってくれたのは、他ならぬレットでした。しかし、レットは、タラへの旅路の途中で突然自分も従軍すると言い出し、スカーレットに別れを告げます。スカーレットは何とかレットを思い留まらせようとしますが、レットの決意は固いものでした。別れ際にレットはスカーレットへの強い想いを伝えます。

RHETT : In spite of you and me and the whole silly world going to pieces, I love you.

(たとえ馬鹿げたこの世のすべてが滅びようとも、君を愛している)

　スカーレットは、自分のもとから去りつつあるレットに対して、うらめしさしか感じられずにいます。これが永遠の別れになるかと思われた二人でしたが…。

第7章 人生を彩る名作

英語ミニ講義

スカーレットとレットが、激しい感情の波に翻弄されながらも互いに強く惹かれていくのとは対照的に、アシュレーとメラニーの愛は、炭火のように暖かく穏やかに燃え続けます。婚約を済ませたアシュレーとメラニーは幸福感に包まれます。メラニーは、自分の素直な気持ちを次のように表現しています。

写真協力(財)川喜多記念映画文化財団

> **MELANY**: **No war** can come into our world, Ashley. **Whatever** comes, I'll love you just as I do now, until I die.
> (アシュレー、どんな戦争も私たちの世界には入り込めないわ。何が来ようとも、私は死ぬまでずっと今と変わらずあなたを愛すわ)

レットがスカーレットのもとから去るときに語った情熱的な言葉に比べると、メラニーの語る言葉は、静かで揺ぎない信念に満ちたものとなっているのがよくわかるでしょう。愛を語る言葉が、あたかも語り手の人柄を映し出す鏡のような役割を果たしています。

〈no＋名詞〉の形で始まる文は、文全体を打ち消します。また、複合関係代名詞の whatever ～ という表現は、「何が～しても」という意味を表し、no matter what ～ に書き換えることができます。

コルセットの効用

　コルセットの紐で締め上げられたスカーレットのウエストは、20インチ（50センチ）前後という華奢なものです。南北戦争の頃には、ヨーロッパのファッションの影響もあり、女性はコルセットやペチコートなどのいわゆる補正下着を駆使し、女性らしい体型の維持に余念がなかったとされています。映画『タイタニック』でもヒロインのローズがコルセットを母親に締めてもらうシーンがありますが、このようにコルセットの着用は上流階級に限られていました。

　古今東西、男性にとっていかに魅力的に見えるかは女性の大きな関心事です。可憐で、か弱そうなスカーレットは、多くの男性を虜にしますが、その外見とは裏腹に、内面はたくましく楽天的そのもの。北軍の脱走兵を撃ち殺した際にもこう言います。"I guess I've done murder. I'll think about that tomorrow."「私は人を殺してしまったようね。でも考えるのは明日にするわ」　紆余曲折の末、レットと結婚した後もアシュレーを想い続けるスカーレットに業を煮やし、レットは彼女のもとを去ります。スカーレットは、涙に暮れながらもこう言います。"I'll think about it tomorrow. After all, tomorrow is another day."「彼を取り戻す方法は明日考えるわ。まあ、明日になれば何とかなるでしょう」

　ひょっとしたらコルセットには、強い女性を作る力があるのかもしれませんね。

(朴)

第7章 人生を彩る名作

MOVIE 46 カッコーの巣の上で *One Flew over the Cuckoo's Nest* 1975年（米）

監督●ミロシュ・フォアマン　出演●ジャック・ニコルソン、ルイーズ・フレッチャー、マイケル・ベリーマン、ウィル・サンプソン

> マック、俺一人じゃ行かないよ。こんな状態でお前を置いてかないさ。一緒に来るんだ。さあ、行こう。
>
> I'm not going without you, Mac. I wouldn't leave you this way... You're coming with me. Let's go.
>
> チーフ（ウィル・サンプソン）　TIME : 02:07:10

- wouldn't = would not「～しないよ」
- leave you「（お前を）置いていく、（お前のもとを）去る」
- this way「こんな状態で、このように」
- You're = You are

写真協力（財）川喜多記念映画文化財団

名セリフの決め所

　刑務所の強制労働を逃れるため精神疾患を装ったマックが、オレゴン州立精神病院に護送されて来ました。そこで彼が見たものは、看護師長ラチェッドの絶対的な権力の下に、投薬からグループセラピーまで、

すべてが整然と実施されている徹底した管理社会だったのです。患者たちも羊のように従順です。しかしそこはマックには受け入れ難い世界であり、彼はことあるごとにラチェッドと対立し、問題を起こしていきます。彼の姿を見た患者たちも、自己主張や自由を求める気持ちを強めていきますが、それは病院にとっては危険なことでした。マックはネイティブ・アメリカンの患者、チーフと意気投合し、逃亡を決意します。しかし、逃亡予定の夜にドンちゃん騒ぎのパーティーを行い、朝まで眠り込んで失敗に終わります。若い患者、ビリーが、ラチェッドに責められ自殺を図ったことを知ったマックは、彼女に飛び掛りますが、引き離され、拘束されます。数ヵ月後、部屋に戻されたマックの枕元に立ったチーフはこう言います。「マック、みんなお前は逃げたと言うんだ。でも俺を置いてかないことはわかってた。待ってたんだ。これで一緒に逃げられるぜ、マック。俺は山みたいに力が湧いてきた」

そのとき、マックの額にロボトミー手術（感情をなくす脳外科手術）の跡を発見したチーフはすべてを悟ります。そして、今や生きる屍と化したマックを抱きしめ、こう続けます。

> **CHIEF : I'm not goin' without you, Mac. I wouldn't leave you this way... You're coming with me. Let's go.**
> （マック、俺一人じゃ行かないよ。こんな状態でお前を置いてかないさ。一緒に来るんだ。さあ、行こう）

チーフはマックが息を引き取るまで彼の顔に枕を押し当て、その後、病院の窓を破り、朝もやの中を駆けていきます。まるでマックが傍にいるかのように。

英語ミニ講義

　ここに描かれている管理に満ちた世界は、アメリカに亡命したフォアマン監督の故郷、チェコスロバキアの当時の姿であり、私たちの社会そのものかもしれません。実にヘビーな映画です。しかし見終わった後、私たちが不思議な感動と希望を覚えるのは、この映画が自由とは何か、「正気」とは何かを真摯に問いかけてくるからだと思います。英語ではこういった作品を thought-provoking（思考を刺激するような）と形容します。ただしこの映画には極めて多くの swear word（排泄、セックス、宗教に関したののしり言葉）が登場しますが、「知っているのと使うのは別」と心得て下さい。

　この映画では、看護師長の使う、堅いラテン語起源の表現（"The meeting is adjourned."「会議は延期される」など）と、マックたちの使う、会話的な「ゲルマン語起源の表現」（"We can make it."「俺たちやれるぞ」など）のコントラストが学べます。後者は、日本語で言えば「やまと言葉」です。get、take、make、work などの基本的な語であり、柔らかで奥が深く様々な意味を表します。make it は、他に「間に合う、参加できる」など様々な意味で使われます。また make up（「埋め合わせる、仲直りする、でっち上げる、理解する、計算する」など）のように副詞を伴うとさらに意味が広がります。

　このように、単語は、ラテン語系、ゲルマン語系に分けて憶えると効果的です。

One Flew over the Cuckoo's Nest

ジャック・ニコルソンとことわざ

　マック役で一気にブレークしたジャック・ニコルソンですが、この映画にも、その後の彼のヒット作、『シャイニング』にも、ともに英語のことわざが効果的に使われています。

　この映画では、精神科医が「A rolling stone gathers no moss.（「転がる石には苔が生えない」）ということわざを知っていますか」と聞くと、マックは「人前で汚いパンツを洗わないことさ」と、はぐらかします。分裂症患者は抽象概念が苦手と考えられたことから、アメリカの精神科医が診断のためにこのことわざをよく使いました。このことわざは「落ち着かない奴は成功しない」という伝統的な戒めの言葉ですが、よく知られているように、アメリカでは、「絶えず仕事などを変えていると、新鮮でいられる」という逆の意味でも使われます。アメリカ人の友人に聞くと、確かに解釈が二つに分かれます。ただし rolling stone には「体制に媚びない風来坊」のイメージがあることから、ロック音楽の世界では曲名、バンド名、雑誌名などに使われてきました。マックはまさにrolling stone なのです。

　一方、ホラー映画『シャイニング』では、発狂していく主人公のジャックが延々と "All work and no play makes Jack a dull boy." とタイプします。時にこの英語は「よく学びよく遊べ」と訳されますが、とんでもない。「勉強ばかりで遊ばないと馬鹿になるよ」という遊び礼賛のことわざなのです。ただし、この映画を観た後では、不気味なイメージが付きまとうかもしれませんね。
　　　　　　　　　　　　　　　　　　　　　　　　　　　　　　（中井）

第7章 人生を彩る名作

MOVIE 47　グランド・ホテル　*Grand Hotel*　1932年（米）

監督●エドマンド・グールディング　　出演●グレタ・ガルボ、ジョン・バリモア、ライオネル・バリモア

> 人生はいいものだが非常に危険だ。しかし生きる勇気があれば、それはとてつもなく素晴らしい。
>
> Life is wonderful but it's very dangerous. If you have the courage to live it, it's marvelous.

クリングライン（ライオネル・バリモア）　TIME : 01:21:26

- life「人生」
- wonderful「素敵だ」
- it's = it is
- dangerous「危険だ」
- courage to live it「人生を生きる勇気」
- marvelous「（信じられないほど）素晴らしい」

写真協力 (財) 川喜多記念映画文化財団

名セリフの決め所

　1932年に製作されたこの映画は、当時のMGMという映画製作会社の5大トップスターが競演した群像劇で、これ以降こうした映画作りの手法が「グランド・ホテル形式」と呼ばれるようなったほどの歴史的名作

です。

　舞台は第二次世界大戦前のベルリン。そこに誰もが憧れる豪華なホテル、グランド・ホテルがあり、様々な男女がそれぞれの人生を抱えて宿泊しています。

　グレタ・ガルボが演じるバレリーナは、盛りを過ぎて行き詰まり、自信を失っています。ジョン・バリモアが演じる男爵は、実は経済的に破綻しており、彼女の宝石を狙っています。事業がうまくいかず不正に手を染める実業家をウォーレス・ビアリー。その実業家のもとでコツコツ働いて貯めたお金で人生の最後の日々を謳歌しようする男、クリングラインをライオネル・バリモアが演じています。彼は病のため余命いくばくもなく、全財産をはたいてグランド・ホテルでの生活を楽しみますが、男爵や他の宿泊客とのカードギャンブルに興じ、大勝ちします。クリングラインは言います。"I have luck for the first time in my life."「人生で初めて運に恵まれた」　"You gentlemen can laugh, but for the first time in my life I've tasted life."「皆さんはお笑いになるでしょうが、生まれて初めて人生を謳歌しました」

　そして、名セリフ。

KRINGELEIN : Life is wonderful but it's very dangerous. If you have the courage to live it, it's marvelous.
（人生はいいものだが非常に危険だ。しかし生きる勇気があれば、それはとてつもなく素晴らしい）

第7章　人生を彩る名作

> **英語ミニ講義**

　この映画では、life や live という単語がセリフのあちこちにちりばめられています。例えば、ギャンブルで大勝ちしたクリングラインはこんなセリフを口にします。

KRINGELEIN : I've only **lived** since last night. But that little while seems longer than all the time that's gone before.
（私の人生は夕べから始まった。しかしその短い時間はこれまでの過ぎ去った人生よりも長く感じられる）

　これまで楽しみもなく身を粉にして働いてきたクリングラインが、初めて人生に輝きを見つけた瞬間のセリフです。これまでの無味乾燥な時間を time で表し、夕べから始まった自分の時間を while で区別している所に、彼の気持ちが込められています。

　life という単語には、生命、命、生物、人生、世間、一生、寿命、生活、活気といった広い意味がありますが、"That's the life." と "That's life." の二つの表現の違いがおわかりでしょうか。"That's life." は失敗や不幸の後で、「人生とはそういうものだ」「それが人生なのだから仕方がない」という諦めのセリフです。一方の "That's the life." は満足を表して、「これこそが人生だ」「最高の気分だ」という意味です。こちらは必ず the を付けます。

スター

　この作品は第5回アカデミー賞作品賞を受賞しています。この映画が作られた1930年代はサイレントからトーキーへ移行した直後でした。特定の主人公は存在せず、看板スターを総動員するという映画製作手法『グランド・ホテル形式』は、当時としては画期的なアイデアで、これが見事に当たり、大人気を博しました。広い意味では、『ポセイドン・アドベンチャー』(1972年)や『タワーリング・インフェルノ』(1974年)もこのジャンルに含まれます。また、三谷幸喜監督脚本の『有頂天ホテル』(2005年)が『グランド・ホテル』にオマージュを捧げていますし、2007年公開の『ボビー』も、この『グランド・ホテル形式』を採用しています。

　出演俳優について少し触れますと、バレリーナを演じたグレタ・ガルボは、スウェーデン・ストックホルム生まれで初期ハリウッドの伝説的スター。36歳で引退後、84歳で亡くなるまで一度も公の場に姿を現さず、生涯独身を通しました。男爵を演じたジョン・バリモアは、クリングラインを演じたライオネル・バリオアの実兄。ジョンは、『E.T.』(1982年)に7歳にして出演し、天才子役と絶賛を浴びたドリュー・バリモアの祖父に当たります。ちなみに、ドリュー・バリモアは両親共に俳優という一家に生まれ、生後11ヶ月からコマーシャルに出演したといいますから、スターも大変ですね。　　(佐藤)

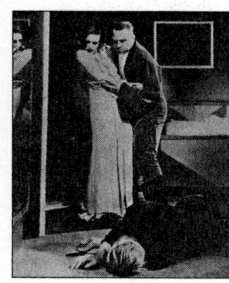

写真協力(財)川喜多記念映画文化財団

第7章　人生を彩る名作

MOVIE 48　殺人狂時代　*Monsieur Verdoux*　1947年（米）
監督●チャールズ・チャップリン　出演●チャールズ・チャップリン、マーサ・レイ、マリリン・ナッシュ

一人殺せば悪人で、何百万も殺せば英雄です。皆さん、数が殺人を神聖にするのです。

One murder makes a villain, millions a hero. Numbers sanctify, my good fellows.

ベルドゥー（チャーリー・チャップリン）　TIME : 02:00:01

- murder「殺人」
- villain「悪人」
- millions「何百万も」
- hero「英雄」
- sanctify「神聖にする」
- fellows「仲間たち」

写真協力（財）川喜多記念映画文化財団

名セリフの決め所

　主人公のベルドゥーは、銀行員として30年以上勤め、大恐慌になるや真っ先にリストラされるという気の毒な男です。しかし、彼は妻と息子を養わなくてはなりません。そこで、財産を奪うために中年女性と結

婚して殺害するというビジネスを思いつくのです。

　映画は、ベルドゥーが自分の墓を見ながら、自分の人生を語る場面で始まります。つまり、観客は、彼の死をあらかじめ知らされるのです。彼は決して酷い男ではなく、お洒落で、虫も殺さないような優しく魅力的な紳士として描かれます。一方、彼の餌食となる被害者の中年女性たちは、概ね憎たらしいタイプとして描かれていると言ってよいでしょう。

　ベルドゥーは巧みな話術で女たちの資産をだまし取る一方で、庭では毛虫を踏み殺さないように注意したり、野良猫のためにわざわざ食べ物を持って帰ったり、お金のために身を売ろうとした若い娘を助けたりします。そして、家では妻と息子にとって良き家庭人でもあるのです。

　結局、ベルドゥーは、連続殺人と財産横領の罪で逮捕されてしまいます。公判では皮肉を込めて、「社会が推奨する戦争こそが数百万人規模の大量殺人だ」と彼は訴えます。「一人殺せば悪人で、数百万なら英雄だ」というセリフには、戦争における大量殺戮もいわゆる「殺人」とは何も変わらないのではないか、というチャップリンの根本的な問いかけが含まれています。ベルドゥーは、殺人者として処刑されたのですが、この死刑もまた国家による殺人と言えるかもしれません。

　現在、すべてのEU加盟国において死刑は廃止されています。

英語ミニ講義

　この映画で印象に残る場面に、ベルドゥーが処刑されるくだりがあります。刑務官からタバコとラム酒を勧められ、どちらも一旦は断るのですが、ラム酒だけは飲むことにします。

> **VERDOUX** : Oh, just a minute. I've never tasted rum.
> （待ってくれ。ラムは飲んだことがなかったな）

　そして画面には、ベルドゥーが、小さなショットグラスに注がれたラム酒をぐっと飲み干す様子が映し出されます。セリフはありません。前にあるドアが開き、彼の白いシャツに光が当たっていきます。深々と息を吸い込み、彼はラムの余韻を静かに味わっている様子です。命があるということは、最後の瞬間にも未知の世界を知り、人生の喜びを味わうことができるということです。そして、映画は最後に、処刑場へと去っていくベルドゥーの後姿を映し出して終わります。

　「ラム酒を飲んだことがない」とは、今まで飲まなかったということですが、これを単に過去形で "I didn't taste rum." としてしまうと、現在と切り離された過去の出来事の報告になります。経験を表す現在完了で "I have never tasted rum." とすると、現在を含む幅のある期間に「ラムを飲んだことがない」、それゆえ「今、ラム酒を飲みたい」という気持ちが表現されます。なぜなら、現在完了の中核的な意味は、過去において生じた事柄が現在に影響を与えているということだからです。

死刑制度

　チャールズ・チャップリン主演・監督の『殺人狂時代』(1947年) の舞台となっているフランスでは、1789年から1981年9月まで、ギロチン (断頭台) が使われていました。今では、死刑制度はヨーロッパや南米において廃止され、アメリカでは、例えばアラスカ・ハワイ・アイオワ・マサチューセッツ・ミシガンなどの州で廃止されています。世界は全体として、死刑廃止の方向に向かっていると言えるでしょう。

　しかし、現代において、死刑制度を維持している国々が、中東・アフリカ・アジアには多くあり、日本、台湾、シンガポール、そしてアメリカ (テキサスなど38州) など「先進国」と呼ばれる国々でも死刑は存続しています。処刑方法は様々で、日本やシンガポールで行われる絞首刑の他に、致死薬注射や電気椅子、銃殺、石打ち刑などがあります。

　死刑をテーマにした映画に、ティム・ロビンス監督の『デッドマン・ウォーキング』(1996年) やフランク・ダラボン監督の『グリーン・マイル』(1999年) などがあり、『グリーン・マイル』ではジョージア州の電気椅子による処刑が描写されます。ちなみに「グリーン・マイル」とは、処刑室へと続く廊下のことです。緑色のリノリウムが貼られた短い廊下ですが、死刑囚たちには、それが1マイルもの長さがあるように感じられるということです。

(田中)

第7章 人生を彩る名作

MOVIE 49 素晴らしき哉、人生！ *It's a Wonderful Life* 1946年（米）

監督●フランク・キャプラ　　出演●ジェームズ・スチュワート、ドナ・リード、ヘンリー・トラヴァース

一人の命は、多くの人の人生に関わっている。その人が欠けると、世の中は厄介なことになってしまうだろ？

Each man's life touches so many other lives. When he isn't around, he leaves an awful hole, doesn't he?

二級天使クラレンス（ヘンリー・トラヴァース）TIME : 01:59:55

- each man's life「各々の命」
- touches「関わっている」
- isn't around = is not around「あたりにいない」
- leaves「後に残す」
- awful hole「恐ろしい穴」
- doesn't = does not

写真協力（財）川喜多記念映画文化財団

名セリフの決め所

　ジョージ・ベイリーは、幼い頃から、故郷を飛び出し、世界で何か大きなことをやり遂げることを夢見ていました。しかし人生は思うようにはいかず、故郷の田舎町に留まらざるを得ないジョージの人生は、逆境

212

の多いものでした。それでもジョージは、メアリーと結婚し、子どもをもうけ、細々と幸せに暮らしていました。

　幾度となくピンチに陥ってはその場を凌いできたジョージも、クリスマス・イヴの日に、今度ばかりは乗り切ることのできない事態に遭遇してしまいます。人生に絶望したジョージは、自殺を図ろうとしますが、そのとき、ジョージよりも一足早く川へ身を投げた老人がいました。ジョージがその老人を助けると、老人は「私はクラレンスという二級天使だ」と告げました。天使に向かって、人生に疲れたジョージは「僕なんか生まれてこなければよかった」と漏らします。すると天使は、ジョージを彼が生まれてこなかった幻の世界に連れて行きます。それはジョージの知る世界ではなく、人も町も幻滅するほどひどく変わり果てているものでした。今起きている事態をよく理解できないジョージに対して、天使のクラレンスが次のように言います。

CLARENCE : Strange, isn't it? **Each man's life touches so many other lives. When he isn't around, he leaves an awful hole, doesn't he?**
（奇妙でしょう？　一人の命は、多くの人の人生に関わっている。その人が欠けると、世の中は厄介なことになってしまうだろ？）

　この世界を体験して、ようやくジョージは、自分がこれまでいかに多くの人の人生と関わり合い、そしてその人たちと過ごした自分の人生がいかに素晴らしいものだったかに気付くのです。

英語ミニ講義

　ジョージが将来の妻と出会う場面は微笑ましく、二人の行く末を表しているようです。ジョージは弟に誘われ、パーティーに参加します。パーティーには、ジョージの幼なじみ、メアリーが来ていました。再会したジョージとメアリーが話しをしていると、チャールストン・コンテストが始まり、フロアにいた大勢の男女がペアを組み、チャールストン・ダンスを踊りだします。チャールストン・ダンスは、膝から下を外側に蹴って踊るというもので、二人はコンテストに参加しようかどうか躊躇していますが、ジョージが次のように言います。

GEORGE : **I'm not** very good at this.
　　　　　　（この踊りは、あまり得意ではないんだ）

するとメアリーも、

　MARY : **Neither am I.**　（私も得意じゃないのよ）

その後ジョージが、「よし、コンテストで負けてもともとだ」と言い、二人は踊りだします。先ほどの二人の会話とは裏腹に、二人の踊りはなかなかのものです。

　二人の会話は、否定文に続いて「～も…ない」という表現を使用しています。この表現では、neither は文の先頭に置かれ、その後〈be動詞＋主語〉の語順になります。〈neither＋be動詞＋主語〉の表現で使用するbe動詞は、直前の否定文で使用された種類のbe動詞を、その表現の主語と時制に対応させたものにします。

It's a Wonderful Film

　フランク・キャプラ監督は、第二次世界大戦後、独立製作会社リバティ・フィルムを立ち上げます。そこでのキャプラの第一作目の映画が、『素晴らしき哉、人生！』(It's a Wonderful Life)です。この映画は、現在、アメリカ映画協会が掲げる映画ベスト100ランキングの20位に選ばれていますが、公開時(1946年)のこの映画の興行成績は良くありませんでした。「『クリスマス・キャロル』以来、最もセンチメンタルな作品の一つである」(Nation誌)などと評価され、また、アカデミー賞にノミネートはされたものの、受賞には至りませんでした。キャプラは、自伝『The Name above the Title』(1971年)において、この残念な結果に納得がいかず、「この映画は、これまで作った中で最高だと思っていた」と回想しています。

　1970年代、この映画の著作権が切れ、著作権の更新が行なわれなかったため、テレビがこぞってこの作品を放映し、新しい世代の心をつかみました。そして現在、アメリカでこの映画は、クリスマスには欠かせない作品として、多くの人に愛されています。

写真協力 (財)川喜多記念映画文化財団

(森村)

第7章 人生を彩る名作

MOVIE 50 独裁者 *The Great Dictator*　1940年（米）

監督●チャールズ・チャップリン　出演●チャールズ・チャップリン、ポーレット・ゴダード、ジャック・オーキー

諸君は機械じゃない！ 家畜じゃない！ 人間だ！

You are not machines! You are not cattle! You are men!

ユダヤ人の床屋（チャーリー・チャップリン） TIME：02:00:43

- machines「機械」
- cattle「(牛、馬、豚、羊など四足動物の)家畜」
- men「人間」

写真協力（財）川喜多記念映画文化財団

名セリフの決め所

　物語は1918年、チャップリン演じるユダヤ人の床屋が戦場で戦っている場面で始まります。母国トメニアに復員した床屋は、チャップリンが二役で演じるヒンケル総統の反ユダヤ主義のために捕らえられます。し

The Great Dictator

かし、姿形がそっくりであるため、この二人は偶然が重なってお互いが入れ替わり、最後には床屋が群衆の前で演説をする羽目に陥ります。

総統にすりかわった床屋の6分にわたる演説スピーチは、その役柄を超え、チャップリン自身のメッセージであるという印象を与えます。映画の最後には、恋人ハンナがこの演説を聞き、未来への希望が示唆される感動的なシーンで終わります。

総統となった床屋は、戦争を行う人非人は、兵士を見下し、隷属させ、管理して訓練し、家畜のように、ただの消耗品として兵士を使っていると糾弾します。だから兵士たちよ、このような機械人間の命令をきいてはならない。"You are not machines! You are not cattle! You are men!" 皆さんは考えることや感じることを制御される「機械」でも、無抵抗に命を差し出す「家畜」でもない、自由で美しい人生を送るべき「人間」なのだ、と兵士たちを諭すのです。床屋は無口ですが、最後の演説で、突如として雄弁になります。

家畜に関するエピソードが、チャップリンの自伝にあります。チャップリンは、幼少の頃、屠畜場（とちくじょう）へ引かれていく羊たちが逃げ出す場面を目撃したのです。狂ったように飛び跳ねて逃げ回る羊が滑稽で、皆で大笑いして見ていたのですが、最後につかまって屠畜場（とちくじょう）へ連れ戻される様子を見て、「あの羊みんな殺されるよ」と母に泣いて訴えたと言います。自伝によれば、彼にはこのとき、生涯のテーマとなる悲劇的なものと喜劇的なものの結合が見えたということです。

英語ミニ講義

日本語の「心」に対応する英語の単語には、mind と heart がありますね。では、これらはどのように異なるのでしょうか。一般に、mind とは脳の働きが形になるところ、すなわち、思考や認識や判断をつかさどる場所を指します。一方、驚きや嬉しさで胸がドキドキすることがありますね。このような心臓につながる感情の在りかが heart と呼ばれ、区別されるのです。では、次を見て下さい。

> **BARBER** : Don't give yourselves to these unnatural men — machine men with machine **minds** and machine **hearts**!
> （これらの人非人に身を捧げるな —— 機械の頭と機械の心を持つ機械人間に）

これは、最後の演説の中で、床屋が兵士たちに呼びかけているセリフです。ヒットラーをはじめ戦争を起こす側の人たちは、機械の「心(mind)」と機械の「心(heart)」を持っていて、つまり機械のように冷徹に判断することができ、機械のように何も感じない、冷たく非人間的な人たち、と表現されています。アーリア人だけが優秀な民族であるとして、ユダヤ人を迫害するナチスの残酷な単純さは、このように批判されているのです。ちなみに、動詞「考える(think)」に対応するのが mind、そして「感じる(feel)」に対応するのが heart であると言うこともできるでしょう。

反ナチ喜劇

　チャップリンは、機械文明への批判を扱った『モダンタイムズ』（1936年）の後で、サイレントからトーキーへ転換する作品『独裁者』にとりかかり、撮影に入ったのは第二次世界大戦が勃発して9日目の1939年9月9日のことでした。

　『独裁者』はあくまで架空の国トメニアにおける架空の物語ですが、登場人物の多くは実在の人物のパロディです。ナチ党のヒットラーはヒンケル党のヒンケル総統、バクテリア王国の皇帝ナパロニはイタリアの独裁者ムッソリーニです。ナパロニ役の俳優ジャック・オーキーは、ムッソリーニとそっくりだと当時評判になったそうです。

　チャップリンとヒットラーには、様々な共通点があります。第一に同じようなチョビ髭を生やしていますし、第二に生年月日が非常に近く、チャップリンは1889年4月16日、ヒットラーは同年同月20日で数日違いなのです。また、チャップリンは喜劇で放浪者を演じ、ヒットラーは第一次世界大戦の後、実際に放浪者になった経験を持っています。

　ナチスが絶大な人気を誇る時代の反ナチ喜劇ですから、当然イギリスでもアメリカでも公開の見込みは全くなく、製作を見合わせるようにと何度も忠告の手紙が来たそうです。また、上映を妨害するという脅迫状も舞い込む中、1940年にチャップリンはようやく公開にこぎつけました。そして最終的に、興行成績がチャップリンの作品の中で最高を記録し、その後も世界中でリバイバル上映されたのでした。

（田中）

映画英語教育学会（ATEM）のご案内

　映画英語教育学会（ATEM）は、1995年、映画を使うことによって英語教育をより活性化させようという趣旨のもとに設立され（事務局：株式会社 広真アド内）、現在、大学教員を中心に全国で約千名の会員を擁しています。ATEM関西支部は、2002年に京都で発足しました。本書は、そのATEM関西支部会員の執筆によるものです。

ATEM活動内容

　毎年1回の研究大会と総会の開催、紀要とNEWSLETTERの発行や、各委員会活動を定例で行ってます。

・研究大会と総会

　毎年定例1回、研究大会と総会を開催しています。全国からの参加者が映画と英語教育について研究や実践報告を発表したり、情報を交換し合います。業者発表も行い、ハードウェア業者によるニューメディア機器の展示と紹介、出版社による映画英語教材や雑誌の展示と紹介も会場で行っています。

　総会で1年間の活動報告と計画、会計報告、規約改正、理事紹介等が行われます。話題の多いテーマについてシンポジウムや対談やアンケート調査も行っています。

・紀要・NEWSLETTERの発行

　紀要は毎年1回発行しています。これには、論文や実践報告を公

募し、応募論文を評価基準に従って審査し、採用されたものを掲載します。研究大会での発表の概略や対談やシンポジウムの全文も掲載しています。

NEWSLETTERに大会のお知らせ、支部活動、アンケート調査報告、会員の情報交換、映画関係の広告等を載せています。

・支部活動

東海支部、九州支部、関西支部の各支部で、大会、研究会などを行っています。地域ごとの情報交換や交流ができるようになっています。

・ホームページ

ATEMのホームページで、この学会に関する情報をここから得ることができます。事務局では、会員からのご意見や提案をホームページへいただけることをお待ちしています。

http://www.atem.org/

学会についての詳細は、事務局にお問い合わせいただくか、ATEMホームページをご覧下さい。

映画英語教育学会（ATEM）事務局

株式会社 広真アド内

〒169-0075 東京都新宿区高田馬場4-3-12 アルク高田馬場4F

TEL : 03-3365-0182　FAX : 03-3360-6364

http://www.atem.org/　E-mail : office@atem.org

暗唱したい、映画の英語

心に刻む感動の名セリフ集

監修・編著者
藤枝善之

編集顧問
井村誠／倉田誠／横山仁視

共著者
井村誠／倉田誠／齋藤安以子／佐藤弘樹／荘中孝之／田中美和子
中井英民／西川眞由美／平井大輔／藤倉なおこ／朴真理子
松井夏津紀／松田早恵／村尾純子／森村麻紀／横山仁視

表紙に記された「映画英語教育学会／関西支部」は上記17名の著者のグループ名です。

2007年9月20日　初版発行
2017年2月20日　第4刷発行

発行者　　福岡正人
発行所　　株式会社　金星堂

（〒101-0051）東京都千代田区神田神保町3-21
Tel.（03）3263-3828（営業部）
Tel.（03）3263-3997（編集部）
Fax.（03）3263-0716
URL：http://www.kinsei-do.co.jp

印刷・製本／倉敷印刷
ISBN978-4-7647-0990-4 C0082
定価はカバーに表示してあります。
無断で複写、転載することを禁じます。
乱丁、落丁本はお取り替えいたします。
Printed in Japan